传统村落与建筑系列

山西浊漳河流域
古村镇聚落空间研究

孙 帅 著

中国建筑工业出版社

图书在版编目（CIP）数据

山西浊漳河流域古村镇聚落空间研究／孙帅著. —
北京：中国建筑工业出版社，2023.10
（传统村落与建筑系列）
ISBN 978-7-112-28868-7

Ⅰ.①山… Ⅱ.①孙… Ⅲ.①村落—研究—山西
Ⅳ.①K922.55

中国国家版本馆CIP数据核字（2023）第117106号

责任编辑：刘　静
书籍设计：锋尚设计
责任校对：姜小莲
校对整理：李辰馨

传统村落与建筑系列
山西浊漳河流域古村镇聚落空间研究
孙　帅　著

＊

中国建筑工业出版社出版、发行（北京海淀三里河路9号）
各地新华书店、建筑书店经销
北京锋尚制版有限公司制版
建工社（河北）印刷有限公司印刷

＊

开本：787毫米×1092毫米　1/16　印张：13½　字数：239千字
2023年6月第一版　　2023年6月第一次印刷
定价：**68.00**元
ISBN 978-7-112-28868-7
（41276）

目录

第 1 章

绪论

山西浊漳河流域的人类居住历史悠久，是中原文明重要发祥地之一。各类重要文化遗存散落在浊漳河流域沿岸的古村镇聚落中，历史年代久远、数量众多、保存较好，是中华文明宝库之一。浊漳河流域古村镇聚落拥有重要科学研究潜力与价值。

这些古村镇聚落虽然空间位置散落、个体形态不一、发展轨迹不同，但共同受到浊漳河流域这个统一的地理、经济、宗教、文化背景影响。从流域角度入手，研究这一区域内古村镇聚落空间形成、演变的共同影响因素，通过个体与群体的对比、横向空间和纵向时间的对比，更有利于深入揭示这一重要传统文化区域内古村镇聚落的空间形态特征。

1.1
浊漳河流域古村镇聚落所处的特色浊漳谷地地貌

浊漳河是山西省东南部最大的河流，属海河流域漳卫南运河水系。在山西境内流经13个县市（著名的有长治、黎城、潞城、平顺、壶关、武乡、沁县等），流域面积11741km²，其中在长治市流域面积10035km²。浊漳河流域呈扇形分布，共有三个源头：长子县南源、沁县西源和榆社县北源，浊漳河全长221km，其干流穿越黎城、潞城、平顺境内，东下太行，在河北省涉县与清漳河汇合，称漳河。

在先秦时期，浊漳河被称为"潞"，汉以后才有"潞水""潞川""浊漳"等别称。浊漳河干流横穿太行山脉，流域地形总体为南北高、东西两边低。浊漳干流流域基本属于石灰岩山区，形成特色浊漳谷地地貌，并且植被覆盖较好，如著名的虹梯关大峡谷、黎城黄崖洞。

1.2
浊漳河流域古村镇聚落承载着重要的历史文化脉络

上党文化：秦设36郡，上党郡列名其中，是中华民族最早开发的地区之一。一般来说，上党相当于整个晋东南，主要包括今天的山西省长治、晋城两市、晋中部分县市及河北省的部分县市。其中，古上党的核心区域即今天的长治市，因此可以视长治为狭义的上党。

苏东坡说："上党从来天下脊。"晋东南地区最大的盆地"上党盆地"，通称沁潞高原。盆地底部平坦，海拔900m左右，四周为太岳、太行两座山脉环抱，最高为太岳山北台顶，海拔2453m。上党盆地的径流绝大部分汇入浊漳河，因此浊漳河流域与上党盆地两个概念大体上相通，浊漳河哺育了源远流长的上党文化。从区位上看，浊漳河流域还是上党文化区与晋中文化区、上党文化区与河北中原文化区进行交流沟通的重要区域。

太行八陉：《尔雅·释山》记载，"陉者，山中断绝者也"，太行山著名的"太行八陉"（都陉、蒲阴陉、飞狐陉、井陉、滏口陉、白陉、太行陉、轵关陉），即古代晋、冀、豫三省穿越太行山相互往来的八条咽喉通道。其中滏口陉（黎城—涉县—磁山）正好位于浊漳河流域内，是沟通豫北安阳、河北邯郸与山西的古道，其历史主要集中在东晋十六国时期；白陉、太行陉是上党地区的重要关隘，入晋北上的必经之路也需经过浊漳河流域。因此，浊漳河流域在历史上就是中原地区通商往来、文化交流、宗教传播的联络通道，也因此形成了丰富的古道、村落、商旅、碑刻、寺庙等遗存。

1.3
浊漳河流域拥有丰富且独具特色的古村镇遗存

1. 入选中国传统村落名录的村落

目前公布的浊漳河流域内入选中国传统村落名录的共71处。

第一批4处，包括平顺县石城镇东庄村、平顺县石城镇岳家寨村、长治县❶八义镇八义村、长治县贾掌镇西岭村。

第二批2处，包括平顺县虹梯关乡虹霓村、平顺县阳高乡奥治村。

第三批10处，包括长治市郊区西白兔乡中村、长治县荫城镇荫城村、平顺县石城镇白杨坡村、平顺县石城镇上马村、平顺县东寺头乡神龙湾村、平顺县北社乡西社村、黎城县上遥镇河南村、黎城县停河铺乡霞庄村、壶关县树掌镇芳岱村、壶关县东井岭乡崔家庄村。

第四批17处，包括长治县荫城镇琚寨村、长治县南宋乡南宋村、平顺县石城镇黄花村、平顺县石城镇豆峪村、平顺县石城镇蟒岩村、黎城县东阳关镇枣镇村、黎城县西井镇东骆驼村、壶关县百尺镇西岭底村、壶关县店上镇瓜掌村、壶关县树掌镇神北村、长子县慈林镇西范村、武乡县蟠龙镇砖壁村、武乡县石盘农业开发区泉之头村、沁源县王和镇古寨村、潞城市❷黄牛蹄乡辛安村、潞城市黄牛蹄乡土脚村、晋中市榆社县河峪乡下赤峪村。

第五批38处，包括长治县荫城镇桑梓一村二村、长治县西火镇西队村、长治县西火镇东火村、长治县西火镇平家庄村、长治县八义镇张家沟村、长治县南宋乡太义掌村、长治县南宋乡赵村、平顺县石城镇青草凹村、平顺县石城镇窑上村、平顺县石城镇恭水村、平顺县石城镇遮峪村、平顺县石城镇牛岭村、平顺县石城镇老申峧村、平顺县石城镇豆口村、平顺县石城镇苇水村、平顺县石城镇流吉村、平顺县虹梯关乡龙柏庵村、平顺县阳高乡南庄村、平顺县阳高乡侯壁村、平顺县阳高乡车当村、平顺县

---

❶ 今属山西省长治市上党区。此处沿用名录中的旧称。

❷ 今属山西省长治市潞城区。此处沿用名录中的旧称。

阳高乡榔树园村、平顺县北耽车乡安乐村、平顺县北耽车乡实会村、黎城县东阳关镇长宁村、黎城县西井镇新庄村、黎城县西井镇仟仟村、黎城县洪井乡孔家峧村、壶关县晋庄镇东七里村、壶关县树掌镇河东村、壶关县树掌镇树掌村、壶关县树掌镇大会村、武乡县韩北乡王家峪村、沁县南里乡唐村、沁源县灵空山镇下兴居村、沁源县王和镇大栅村、潞城市翟店镇寨上村、晋中市榆社县云簇镇桃阳村。

2. 入选山西省历史文化名镇名村名录的村落

入选山西省历史文化名镇名村名录的共4处：武乡县韩北乡王家峪村、黎城县停河铺乡霞庄村、沁源县王和镇古寨村、平顺县阳高乡奥治村。入选中国历史文化名村名录的共1处：平顺县阳高乡奥治村。

3. 特色聚落

通过整理分析，浊漳河流域古村镇聚落的空间形态既有晋东南泽潞商帮聚落的文化特征，也有浊漳河谷地貌特色景观的自然特征。

河谷台地聚落：平顺县石城镇岳家寨村、平顺县阳高乡奥治村、平顺县石城镇白杨坡村、平顺县石城镇上马村。

商镇古道聚落：平顺县石城镇东庄村、长治县八义镇八义村、长治县贾掌镇西岭村、平顺县虹梯关乡虹霓村（山西古关）、长治市郊区西白兔乡中村、长治县荫城镇荫城村（上党古镇）、平顺县北社乡西社村、壶关县树掌镇芳岱村、壶关县东井岭乡崔家庄村。

红色文化聚落：长治市郊区西白兔乡中村（上党战役的指挥所）、黎城县上遥镇河南村、黎城县停河铺乡霞庄村、壶关县树掌镇芳岱村。

挂壁公路特色景观：平顺县虹梯关乡虹霓村、平顺县东寺头乡神龙湾村。

1.4
浊漳河流域拥有传承有序的文化遗址群

浊漳河南源流域是中华民族发祥地之一，具有悠久的历史。我们的祖先炎帝神农氏曾在这里"尝百谷，制末耜，建耆国"。古耆国遗址在现长治市上党区黎岭（支流黑水河源头）一带。长治市区西北的老顶山又称百谷山，是神农尝百草、创农耕的主要活动地点。长子县城西南约35km处的发鸠山，是神话传说中精卫填海衔木石的地方。屯留县城西北的老爷山，相传为后羿射日之地。先古时尧帝封长子丹朱于浊漳河南源上游一带，长子县名也由此而来。

通过第二、三次全国文物普查证实，在新石器时代即仰韶文化时期（距今约5000～7000年）浊漳河流域已有人类居住，已发现的聚落遗址有：阳高遗址（新时期）、湾里遗址（商）、石城遗址（汉、唐）等；民国以前所建寺庙、民居、家族祠堂、古桥、和尚墓塔等各类不可移动文物159处。目前，浊漳河流域内已公布天台庵（唐）、大云院（五代、清）、龙门寺（五代、清）、佛头寺（宋）、淳化寺（金）、回龙寺（金）、夏禹神祠（元、清）、原起寺（宋）共8处全国重点文物保护单位。此外还有西周之前的文化遗址21处。其中含仰韶中期遗存的遗址10处，含仰韶晚期—龙山早期遗存的遗址13处，含龙山晚期—夏遗存的遗址8处，含商—西周遗存的遗址6处。流域内还有众多的自然遗址，如长子南陈乡二亿六千万年前古树化石等。

第 2 章

浊漳河流域内传统村落
格局影响因素分析

本章通过历史古籍和实地考察，重点分析了具有典型性的山西浊漳河流域南源27个传统村落的民俗遗存、佛教建筑、古商道、古冶炼矿区、古战场等影响因素。通过GIS采集村落位置的海拔、坡向和坡度，并结合数据集分析影响村落空间的关联度，为传统村落的形成与分布提供新的影响因素依据。

2.1
河谷地貌因素

1. 地形

浊漳河流域南源位于黄土高原东南侧，四面环山，地形总体上为北边高、南边低，东西两边高，中部河谷地带低，称为上党盆地。流域内植被覆盖较好，森林分布多集中于西部和东南部。浊漳河流域南源内的传统村落，具有依托浊漳河谷线性分布的特征，受到特色河谷地貌环境等自然因素的影响。传统聚落的基本功能，如居住生活、农业生产、物资贸易等也受到河谷地貌的制约，形成河谷台地聚落、河谷悬崖聚落、河谷丘陵聚落等聚落类型。

根据海拔高度的不同，将地形地貌按照小于500m（极低相关取值为0）、500～900m（低相关，取值为1）、900～1200m（中相关，取值为2）、大于1200m（高相关，取值为3）分为平原地区、低山地区、中山地区及高山高原地区，并统计各个范围内传统村落数量（表2-1）。

传统村落海拔统计表 表2-1

村落名称	海拔（m）	地形地貌	相关度
桑梓一村	976	中山	2

续表

村落名称	海拔（m）	地形地貌	相关度
桑梓二村	988	中山	2
西队村	1041	中山	2
东火村	1088	中山	2
平家庄村	1032	中山	2
张家沟村	1028	中山	2
太义掌村	1096	中山	2
赵村	1027	中山	2
东七里村	1335	高山	3
河东村	1374	高山	3
树掌村	1220	高山	3
大会村	1342	高山	3
寨上村	947	中山	2
琚寨村	1068	中山	2
南宋村	1027	中山	2
西岭底村	1304	高山	3
瓜掌村	1240	高山	3
神北村	1258	高山	3
南张店村	984	中山	2
辛安村	630	低山	1
土脚村	758	低山	1
八义村	1004	中山	2
西岭村	1091	中山	2
中村	919	中山	2
荫城村	991	中山	2
芳岱村	1164	中山	2
崔家庄村	1338	高山	3
平均值	1084		2.2

结果显示，浊漳河流域南源地区的27个传统村落均位于山地地区，平均海拔为1084m，略低于浊漳河流域南源的平均海拔，绝大部分传统村落分布在海拔900~1200m之间的中山地区。其中，2个村落分布在海拔高度为500~900m的低山地区，约占该流域内传统村落总数量的7.4%，8个村落分布在海拔高度为1200m以上的高山区，约占该流域内传统村落总数量的29.6%。山地地区地形地貌的复杂性使外界对村落的影响较少，为村落提供了天然的保护屏障，使其能形成独特的风俗文化并延续发展下去。

2. 坡向坡度

传统村落能接受到的阳光辐射量、降水量受坡向影响。依据坡向值可将坡向分为八个方位，分别为北坡（0°，−22.5°；337.5°，−360°）、东北坡（22.5°，−67.5°）、东坡（67.5°，−112.5°）、东南坡（112.5°，−157.5°）、南坡（157.5°，−202.5°）、西南坡（202.5°，−247.5°）、西坡（247.5°，−292.5°）及西北坡（292.5°，−337.5°）。根据坡向值可将坡向大概分为阴坡和阳坡，坡向值在0°~90°之间和270°~360°之间为阴坡，坡向值在90°~270°之间为阳坡。

坡度对于传统村落的选址也有着重要影响，一般来说坡度值越大，建设村落就越困难，村落的规模就越小，但是村落更容易防御，更具有安全性。坡度值越小，村落的交通越便利，村落规模越大。本章节将坡度分为平坡小于5°（低相关，取值为1）、缓坡5°~15°（中相关，取值为2）、中坡15°~25°（高相关，取值为3）三个等级进行分析总结（表2-2）。

传统村落坡向、坡度统计表　　　　　　　　　　　表2-2

村落名称	坡向	坡度（°）	相关度
桑梓一村	东北坡	5.6	2
桑梓二村	东南坡	12.1	2
西队村	北坡	2.6	1
东火村	西坡	2.1	1
平家庄村	东北坡	3.3	1
张家沟村	西北坡	1.9	1
太义掌村	西北坡	2.0	1

续表

村落名称	坡向	坡度（°）	相关度
赵村	南坡	1.5	1
东七里村	西南坡	5.6	2
河东村	东坡	3.3	1
树掌村	西南坡	6.7	2
大会村	南坡	19.2	3
寨上村	西坡	5.1	2
琚寨村	西北坡	8.0	2
南宋村	西南坡	5.2	2
西岭底村	西坡	14.4	2
瓜掌村	东南坡	13.9	2
神北村	东南坡	16.8	3
南张店村	东坡	5.4	2
辛安村	南坡	3.3	1
土脚村	北坡	9.5	2
八义村	西北坡	7.8	2
西岭村	西北坡	16.5	3
中村	东北坡	7.9	2
荫城村	西北坡	2.4	1
芳岱村	西坡	5.9	2
崔家庄村	西南坡	6.7	2
平均值		7.21	1.8

　　浊漳河流域南源传统村落中以位于西北坡向的传统村落数量最多。与中国传统背山面水、背阴向阳的村落选址理念不同。可能有以下两个原因：一是因为浊漳河流域南源为古代上党地区的南大门，占据重要的战略地位，由于军事防御因素，需要将边境地区的村落建在阴坡；二是浊漳河流域南源的主要农作物花椒和玉米均为喜光农作物，村民更愿意将珍贵的阳坡土地开垦为农田。

3．河流水源

　　浊漳河流域属于半湿润气候，夏季炎热多雨且降雨集中。通常在河流的冲积扇和河岸阶地上会有村落形成，呈现"近水性"分布。其原因一方面是该地区地势平坦，村民的生产生活取水便利，另一方面是水运为山区便捷的交通运输方式。

利用ArcGIS软件得到流域内每个传统村落与河流的距离。依据距离的远近对每个村落与河流相关度进行打分，与河流距离0～150m为高相关（取值为3），150～650m为中相关（取值为2），大于650m为低相关（取值为1）（表2-3）。

<table>
<tr><td colspan="3" align="center">传统村落与河流距离统计表</td><td align="right">表2-3</td></tr>
<tr><th>村落名称</th><th>与河流距离（m）</th><th>相关度</th></tr>
<tr><td>桑梓一村</td><td>19.77</td><td>3</td></tr>
<tr><td>桑梓二村</td><td>393.44</td><td>2</td></tr>
<tr><td>西队村</td><td>149.22</td><td>3</td></tr>
<tr><td>东火村</td><td>170.81</td><td>2</td></tr>
<tr><td>平家庄村</td><td>313.11</td><td>2</td></tr>
<tr><td>张家沟村</td><td>75.58</td><td>3</td></tr>
<tr><td>太义掌村</td><td>556.92</td><td>2</td></tr>
<tr><td>赵村</td><td>127.84</td><td>3</td></tr>
<tr><td>东七里村</td><td>153.35</td><td>2</td></tr>
<tr><td>河东村</td><td>589.48</td><td>2</td></tr>
<tr><td>树掌村</td><td>73.59</td><td>3</td></tr>
<tr><td>大会村</td><td>388.17</td><td>2</td></tr>
<tr><td>寨上村</td><td>882.53</td><td>1</td></tr>
<tr><td>琚寨村</td><td>412.44</td><td>2</td></tr>
<tr><td>南宋村</td><td>234.48</td><td>2</td></tr>
<tr><td>西岭底村</td><td>672.79</td><td>1</td></tr>
<tr><td>瓜掌村</td><td>310.93</td><td>2</td></tr>
<tr><td>神北村</td><td>114.8</td><td>3</td></tr>
<tr><td>南张店村</td><td>326.66</td><td>2</td></tr>
<tr><td>辛安村</td><td>122.34</td><td>3</td></tr>
<tr><td>土脚村</td><td>961.73</td><td>1</td></tr>
<tr><td>八义村</td><td>786.73</td><td>1</td></tr>
<tr><td>西岭村</td><td>1118.76</td><td>1</td></tr>
<tr><td>中村</td><td>734.94</td><td>1</td></tr>
<tr><td>荫城村</td><td>43.43</td><td>3</td></tr>
<tr><td>芳岱村</td><td>20.87</td><td>3</td></tr>
<tr><td>崔家庄村</td><td>155.84</td><td>2</td></tr>
<tr><td>平均值</td><td>367.06</td><td>2.1</td></tr>
</table>

2.2
经济发展因素

1. 矿产资源

浊漳河流域有丰富的煤炭、铁矿产资源，有大量的冶铁处、冶铜处、煤窑、铁矿厂。根据《晋城县志》记载，当时人们对煤炭的利用和食盐一样广泛，煤炭是人们日常生活必需的燃料，铁器是市场上重要的商品。

对各村落与矿产资源的距离进行统计，为每个村落与矿产资源相关度进行打分，其中，与矿产资源点或冶炼点的距离为5km及以下为高相关（取值为3），5～10km为中相关（取值为2），大于10km为低相关（取值为1）（表2-4）。

传统村落与矿产资源距离统计表　　　　　　　　　　表2-4

村落名称	与冶炼相关产业点距离（km）	相关度
桑梓一村	2.24	3
桑梓二村	1.96	3
西队村	9.35	2
东火村	9.38	2
平家庄村	7.66	2
张家沟村	5.70	2
太义掌村	5.20	2
赵村	5.21	2
东七里村	2.57	3
河东村	8.85	2
树掌村	7.80	2
大会村	5.60	2
寨上村	8.74	2
琚寨村	4.84	3
南宋村	7.23	2

续表

村落名称	与冶炼相关产业点距离（km）	相关度
西岭底村	5.29	2
瓜掌村	2.10	3
神北村	5.00	3
南张店村	12.48	1
辛安村	12.31	1
土脚村	11.48	1
八义村	1.07	3
西岭村	6.48	2
中村	13.34	1
荫城村	3.24	3
芳岱村	9.78	2
崔家庄村	5.31	2
平均值	6.67	2.1

有8个村落与铁矿的距离在5km以内，15个村落与铁矿距离在5～10km，10km以外的村落有4个，其中，荫城村是区域内最重要的冶铁贸易集散地，桑梓一村、桑梓二村距离铁矿冶炼点的距离仅有2km左右，琚寨村与铁矿的距离在5km左右，是潞州冶铁、贩铁的重要集散中心。

2. 潞商

潞商是指古代在潞安府（今属山西省长治市上党区）一带经营煤炭、铁器、丝绸、食盐等资源的商人。浊漳河流域是联通山西、河南、河北三省的重要商贸通道，作为晋商的先驱，明清潞商在地区性贸易活动中扮演了重要角色。村落选址、建筑布局会围绕古代商业活动展开。究其原因，一是，村落中以冶铁、丝绸生产为主要产业，会在村落中形成铁匠铺、手工作坊等手工业建筑。二是，村落中的商业大户经济实力强，建造的住宅一般数量多、布局复杂、位置显眼。依据潞商相关建筑遗存对每个村落与潞商相关度进行打分，其中遗存较多为高相关（取值为3），遗存较少为中相关（取值为2），没有遗存为低相关（取值为1）（表2-5）。

传统村落中潞商相关遗存统计表　　　　　　表2-5

村落名称	家族大院	潞商遗存遗址	相关度
桑梓一村	栗氏民居、郭家院、肉铺院、董家院、段家院、范式民居	打铁炉	3
桑梓二村	屈氏民居、张氏民居、歇马店	打铁炉	3
西队村	旗杆院、侯家大院、李家大院	打铁炉	3
东火村	尚书院、仇府、窑楼大院、秦家大院、张家大院、王家大院、董宅、鲍家大院	铁渣山、打铁花	3
平家庄村	赵家院、韩家院、朱家院	无	2
张家沟村	斗杠院、申家大院、郭家院、张宅、老顶院、张府大院	古商道	3
太义掌村	太义掌三区51号、太义掌三区55号、福成号、窑楼底、过厅院民居	古商道	3
赵村	冯家大院、赵家大院、秦家大院	古商路	3
东七里村	大厂院	无	2
河东村	冯家院、李家院	无	2
树掌村	冯家大院、斗杆院、西宫上大院、牛家大院	无	2
大会村	大碾院、张家院、工上院	古商道	3
寨上村	刘家大院	无	2
琚寨村	琚家大院、贾家高楼	无	2
南宋村	秦家大院、孟家高楼	无	2
西岭底村	焦家大院、韩家大院	无	2
瓜掌村	韩家大院	古官道	3
神北村	杨氏宗祠	无	2
南张店村	李氏祠堂院、九连环院	无	2
辛安村	无	无	1
土脚村	王泰故居	票号和醋厂（清）	2
八义村	无	古商道	2
西岭村	无	古商道	2
中村	申家大院	歇马店、盐店院、醋坊、棉花店、古驿道	3
荫城村	无	明清商业街、铁匠铺	2
芳岱村	岸底圪廊院	无	2
崔家庄村	侯家大院	古商道	2
平均值			2.3

3. 古商道

便利的交通条件可以带动区域经济的繁荣发展，村落位于道路附近有利于商业贸易和货物集散。通过整理《清史稿》《山西通志》等古籍可知，清朝时期浊漳河流域的古商道以潞州为中心，路网较之明代更为丰富，是清代商人运输茶叶、河东盐、铁货等货物的重要通道。

将各个村落距离清朝时期道路的距离以3km为梯度进行分类，得出传统村落与清朝时期主要道路的距离分布图，传统村落与古道距离均在10km以内，89%左右的村落与古道距离在6km以内，最近的距离仅有0.5km。按照距离远近进行相关性分析：距离0~3km为高相关（取值为3），3~6km为中相关（取值为2），6~9km为低相关（取值为1）（表2-6）。

<table>
<tr><td colspan="3" align="center">传统村落与古商道距离统计表   表2-6</td></tr>
<tr><th>村落名称</th><th>与古商道距离（km）</th><th>相关度</th></tr>
<tr><td>桑梓一村</td><td>4.91</td><td>2</td></tr>
<tr><td>桑梓二村</td><td>2.14</td><td>3</td></tr>
<tr><td>西队村</td><td>5.41</td><td>2</td></tr>
<tr><td>东火村</td><td>2.59</td><td>3</td></tr>
<tr><td>平家庄村</td><td>0.50</td><td>3</td></tr>
<tr><td>张家沟村</td><td>3.69</td><td>2</td></tr>
<tr><td>太义掌村</td><td>3.27</td><td>2</td></tr>
<tr><td>赵村</td><td>3.60</td><td>2</td></tr>
<tr><td>东七里村</td><td>1.57</td><td>3</td></tr>
<tr><td>河东村</td><td>4.06</td><td>2</td></tr>
<tr><td>树掌村</td><td>8.63</td><td>1</td></tr>
<tr><td>大会村</td><td>3.41</td><td>2</td></tr>
<tr><td>寨上村</td><td>1.16</td><td>3</td></tr>
<tr><td>琚寨村</td><td>4.24</td><td>2</td></tr>
<tr><td>南宋村</td><td>3.11</td><td>2</td></tr>
<tr><td>西岭底村</td><td>1.15</td><td>3</td></tr>
<tr><td>瓜掌村</td><td>5.13</td><td>2</td></tr>
<tr><td>神北村</td><td>4.09</td><td>2</td></tr>
</table>

续表

村落名称	与古商道距离（km）	相关度
南张店村	5.45	2
辛安村	5.27	2
土脚村	6.85	1
八义村	4.78	2
西岭村	6.40	1
中村	3.15	2
荫城村	2.88	3
芳岱村	3.12	2
崔家庄村	2.38	3
平均值	3.80	2.2

2.3
社会人文因素

1．民俗遗存

民俗是一个社会群体长期生活在一起，逐渐形成的文化现象。民俗包括物质生活习俗（如民间生产习俗、民间生活习俗）和非物质文化习俗（如民间信仰、节日民俗、礼仪制度），种类繁多。传统村落作为人们的生活场所，其布局形态、民居建筑、村落文化均会受到地区民俗礼制的影响，通过资料整理及现场调研发现，村落中保留着许多在地区民俗礼制影响下的建筑遗存及文化遗存。依据民俗遗存数量对每个村落与其相关度进行打分，其中遗存很多为高相关（取值为3），遗存较多为中相关（取值为2），遗存较少为低相关（取值为1）（表2-7）。

传统村落民俗遗存 表2-7

村落名称	建筑遗存	文化遗存	相关度
桑梓一村	丈八寺塔、桑梓佛祖庙、桑梓土地庙、云彩观	庙会、上党梆子、八音会、打铁	3
桑梓二村	丈八寺塔、桑梓佛祖庙、桑梓南庙、桑梓土地庙、云彩观、桑梓祖师庙、洞云庵	庙会、上党梆子、八音会、打铁	3
西队村	翠岩寺、黑圪窿碹、诸神庙	上党梆子、干板秧歌、上党八音会、剪纸	3
东火村	老君庙	上党梆子、上党八音会、扛装、干板秧歌、剪纸、	2
平家庄村	观音庙、牌坊院、阁南院	上党梆子、上党八音会	3
张家沟村	羊头山双石塔、羊头山北魏石刻群、三官庙	潞安大鼓、干板秧歌	3
太义掌村	佛堂庙、白衣阁三教堂、奶奶庙、龙王庙	上党梆子	3
赵村	观音殿、玉皇观	八音会、剪纸、刺绣	3
东七里村	佛爷洞	串灯、小黑驴说唱	2
河东村	诸神观	八音会、社火、剪纸、绣花	2
树掌村	观音庙诸神观、土地庙	龙灯、羊神节、纸扎、剪纸	3
大会村	诸神观、土地祠	上党乐户、跑驴	2
寨上村	五谷庙、关帝庙、玉皇庙	赛社、八音会、上党梆子	3
琚寨村	玉皇观	干板秧歌、八音会、剪纸、夜灯会	2
南宋村	玉皇观	社火、打铁花、剪纸、花灯、根雕	2
西岭底村	无名庙宇	剪纸、刺绣、花膜、武术	2
瓜掌村	奶奶庙、土地庙	八音会、舞蹈、接秋大戏	3
神北村	真泽二仙宫	无	1
南张店村	北魏佛窟关帝庙、三官庙、牛王庙	八音会、清板秧歌、快板	3
辛安村	原起寺玉皇庙	上党落子、庙会	2
土脚村	玉皇庙关公阁	上党扯面	2

续表

村落名称	建筑遗存	文化遗存	相关度
八义村	正觉寺甘露庵、关帝阁白龙宫庙、三官阁	八义红绿彩瓷制作技艺、剪纸	3
西岭村	无	上党梆子、八音会	1
中村	北魏石窟阁楼庙、土地庙、府君庙	八音会、制醋工艺、庙会、社火、刺绣	3
荫城村	三圣堂、李家祠堂、董家祠堂、刘家祠堂	方伐锣鼓、干板秧歌	3
芳岱村	三教堂、诸神殿	剪纸文化、社火文化	2
崔家庄村	三圣庙	民间八音会、剪窗花	2
平均值			2.5

2. 市集与庙会

市集是指人们定期聚集在一起进行商品交易的活动形式，为中国传统的一种农村贸易组织形式。市集通常还包含宗教活动、节庆活动、纪念活动、民间娱乐活动。当地居民正是通过市集解决日常生产及生活的实际需求。浊漳河流域南源的27个传统村落大多分布在距离集市20km的范围内，其中0～5km范围内村落有8个，5～10km范围内村落有7个，10km以上村落数量有12个。

庙会风俗与佛教、道教的宗教活动有密切关系，同时也有民间信仰活动。在古籍中可以看到"无庙不成村，有庙必有会"的记载。庙会依托佛教祠堂、道家神庙、牌坊、会馆作为村落节点，整体沿古街、古商道线性布局，并重视传统手工业民俗活动。庙会既能带动村落经济的发展，又能强化乡村居民的凝聚力。距离庙会在0～10km范围内的村落有4个，距离庙会在10～20km范围内的村落有11个，距离庙会在20km以上的村落有12个。

通过ArcGIS计算各村落与最近集市、庙会之间的距离，距离集市庙会0～10km为高相关（取值为3），10～20km为中相关（取值为2），20～30km为低相关（取值为1）。从表2-8的数据可以看出，村落与集市大多距离不远，上党区的荫城镇、西火镇、贾掌镇、南宋乡均有区域级集市活动存在。村落与庙会的距离更远。

浊漳河流域南源传统村落与集市、庙会距离统计表　　　　表2-8

村落名称	村落与集市距离（km）	相关度	村落与庙会距离（km）	相关度	平均相关度
桑梓一村	1.74	3	18.84	2	2.5
桑梓二村	2.18	3	18.48	2	2.5
西队村	0.74	3	24.44	1	2
东火村	3.13	3	25.00	1	2
平家庄村	2.2	3	23.55	1	2
张家沟村	5.75	3	4.75	3	3
太义掌村	5.3	3	11.95	2	2.5
赵村	5.74	3	13.60	2	2.5
东七里村	16.5	2	14.62	2	2
河东村	22.07	1	22.07	1	1
树掌村	23.25	1	23.25	1	1
大会村	24.97	1	26.04	1	1
寨上村	6.22	3	12.14	2	2.5
琚寨村	3.12	3	19.50	2	2.5
南宋村	7.86	3	15.00	2	2.5
西岭底村	16.66	2	23.22	1	1.5
瓜掌村	19.98	2	20.37	1	1.5
神北村	22.07	1	22.07	1	1
南张店村	11.36	2	7.77	3	2.5
辛安村	14.87	2	17.15	2	2
土脚村	11.16	2	16.14	2	2
八义村	0.66	3	10.51	2	2.5
西岭村	9.68	3	4.28	3	3
中村	9.68	3	6.92	3	3
荫城村	0.32	3	20.68	1	2
芳岱村	20.83	1	20.83	1	1
崔家庄村	19.7	2	28.77	1	1.5
平均值	10.65	2.37	17.48	1.70	2

3. 宗教建筑影响

山西省东南部上党地区自古就是我国佛教文化从西北向东南传播的通道枢纽。位于长治市平顺、潞城等县境内的浊漳河谷地，古称潞川，至今保存着自唐代起存在了一千多年的众多佛教建筑。百姓对生活有着美好期望，如五谷丰登、家业兴旺、平安度日等。他们寄希望于神灵保佑，因此，重要的宗教建筑通常是古村镇居民精神生活的核心空间。对每个村落与宗教相关度进行打分，其中遗存较多为高相关（取值为3），遗存较少为中相关（取值为2），没有遗存为低相关（取值为1）（表2-9）。

传统村落内宗教建筑统计表　　　　　　　　　表2-9

村落名称	宗教建筑遗存	相关度
桑梓一村	丈八寺塔、桑梓佛祖庙	3
桑梓二村	丈八寺塔、桑梓佛祖庙、桑梓南庙	3
西队村	翠岩寺、黑圪窿碹、诸神庙	3
东火村	无	1
平家庄村	观音庙	2
张家沟村	羊头山双石塔、羊头山北魏石刻群	3
太义掌村	佛堂庙、白衣阁	3
赵村	观音殿	2
东七里村	佛爷洞	2
河东村	无	1
树掌村	观音庙	2
大会村	观音庙	2
寨上村	五谷庙、关帝庙、玉皇庙	3
琚寨村	无	1
南宋村	无	1
西岭底村	无	1
瓜掌村	无	1
神北村	无	1
南张店村	北魏佛窟	2

续表

村落名称	宗教建筑遗存	相关度
辛安村	原起寺	2
土脚村	玉皇庙	2
八义村	正觉寺	2
西岭村	无	1
中村	北魏石窟	2
荫城村	牛神庙、西庵庙、大云寺	3
芳岱村	无	1
崔家庄村	无	1
平均值		1.9

4. 其他文化遗存（表2-10）

浊漳河传统村落文化遗存统计表　　　表2-10

村落名称	文化遗存名称	级别	类型	传承时间	活动规模
八义村	八义红绿彩瓷制作技艺	省级	传统技艺	延续100年以上	10人以下
东庄村	纺花	县级	传统生活方式	延续50年以上	10人以下
岳家寨	岳家枪、岳家拳	县级	游艺与杂技	延续100年以上	10人以下
	织布纺花、编制	县级	传统技艺	延续100年以上	30人以上
霓虹村	四股弦剧种	国家级	传统音乐	延续100年以上	全村参与
荫城村	方钹锣鼓	省级	传统音乐	延续100年以上	全村参与
中村	制醋工艺	省级	传统技艺	延续100年以上	全村参与
	潞商八音会	县级	传统音乐	延续100年以上	10~30人
白杨坡村	刮街	省级	民俗	延续100年以上	全村参与
	九曲黄河灯	县级	乡风民俗、传统生活方式	延续100年以上	10人以下
	织布纺花	县级	传统生产方式、传统生活方式、乡风民俗、传统民间技艺、传统美术	延续100年以上	10人以下

续表

村落名称	文化遗存名称	级别	类型	传承时间	活动规模
上马村	千年古色锣鼓队	县级	传统舞蹈	延续50年以上	10人以下
	传统武术	县级	传统体育	延续50年以上	10人以下
神龙湾村					
西社村	八音会	省级	传统音乐	延续50年以上	10人以下
河南村					
霞庄村	九曲黄河灯	省级	民俗	延续100年以上	全村参与
芳岱村	剪纸文化	县级	传统技艺	延续100年以上	10人以下
	社火文化	县级	乡风民俗	延续100年以上	10人以下
崔家庄村	民间八音会	县级	传统技艺	延续50年以上	10人以下
	剪窗花	县级	传统技艺	延续50年以上	全村参与
琚寨村					
南宋村					
黄花村					
豆峪村					
蟒岩村					
枣镇村	黎候虎	国家级	民俗、传统技艺	延续50年以上	全村参与
东骆驼村	黎候虎	国家级	传统技艺	延续50年以上	30人以上
西岭底村	音乐、舞蹈、戏剧、民俗	省级	传统音乐、传统戏剧、曲艺、民俗、传统体育	延续100年以上	30人以上
瓜掌村					
神北村					
西范村	八音会	县级	传统戏剧	延续100年以上	10～30人
	清板秧歌	县级	传统舞蹈	延续50年以上	10～30人
	快板	县级	曲艺	延续50年以上	10人以下
砖壁村					
泉之头村	少林长拳	县级	传统体育、传统技艺	延续100年以上	30人以上
古寨村					

村落名称	文化遗存名称	级别	类型	传承时间	活动规模
辛安村	上党落子	国家级	传统戏剧	延续100年以上	全村参与
	庙会	县级	民俗	延续100年以上	全村参与
土脚村	上党扯面	县级	传统技艺	延续100年以上	全村参与
安乐村	元宵节庙会	县级	民俗	延续100年以上	全村参与
车当村	八音会	国家级	游艺与杂技	延续100年以上	10~30人
大会村	上党乐户	国家级	传统音乐	延续100年以上	10~30人
	跑驴	县级	民俗	延续100年以上	10~30人
东火村	上党梆子	国家级	传统戏剧	延续100年以上	30人以上
	上党八音会	省级	传统音乐	延续100年以上	10~30人
	扛装	省级	民俗、游艺与杂技	延续100年以上	全村参与
	干板秧歌	省级	传统舞蹈、民俗	延续100年以上	10~30人
	剪纸	省级	民俗、传统美术	延续100年以上	全村参与
	打铁花	县级	民俗	延续100年以上	全村参与
东七里村	串灯	县级	民俗	延续100年以上	全村参与
	"小黑驴"说唱	县级	传统音乐、传统舞蹈	延续100年以上	10人以下
恭水村					
河东村	八音会	省级	传统音乐	延续100年以上	10~30人
孔家崂村	红拳	县级	传统技艺	延续50年以上	10人以下
榔树园村	扭秧歌	县级	传统舞蹈	延续50年以上	10人以下
流吉村	荆编	县级	传统技艺	延续100年以上	10人以下
龙柏庵村	四股弦	国家级	传统戏剧	延续100年以上	10~30人
南庄村	剪纸	国家级	传统技艺	延续100年以上	全村参与
	唱院戏	县级	传统戏剧	延续100年以上	10人以下
	土法压油	县级	传统技艺	延续100年以上	10人以下
平家庄村					
仟仵村					

续表

村落名称	文化遗存名称	级别	类型	传承时间	活动规模
青草凹村					
桑梓村	八音会	国家级	传统戏剧、曲艺	延续100年以上	10人以下
	打铁	县级	传统技艺	延续100年以上	10人以下
实会村	戏曲	县级	曲艺	延续100年以上	10~30人
树掌村	龙灯	省级	民俗	延续100年以上	全村参与
太义掌村	上党落子	县级	传统戏剧	延续100年以上	10~30人
唐村	唐村姚氏枣糕	县级	传统技艺	延续50年以上	10人以下
	秧歌	县级	传统舞蹈	延续100年以上	10人以下
	舞狮	县级	传统技艺	延续100年以上	10人以下
	剪纸	县级	传统美术	延续50年以上	10人以下
	八音会	县级	曲艺	延续50年以上	10人以下
王家峪村	武乡秧歌	县级	曲艺	延续100年以上	10~30人
	上党梆子	县级	传统戏剧	延续100年以上	全村参与
	三教庙传统庙会	县级	民俗	延续100年以上	全村参与
	拳术团	县级	游艺与杂技	延续100年以上	10~30人
	传统中医	县级	传统医药	延续100年以上	全村参与
苇水村	民间传说	县级	民间文学	延续100年以上	10人以下
下兴居村	秧歌	国家级	传统舞蹈、曲艺	延续100年以上	30人以上
新庄村					
窑上村	刺绣	县级	传统技艺	延续100年以上	10人以下
张家沟村	潞安大鼓	国家级	曲艺	延续100年以上	10~30人
	干板秧歌	省级	曲艺	延续100年以上	10~30人
长宁村	黎城落子	省级	传统戏剧	延续100年以上	10~30人
	泥瓦匠	县级	传统技艺	延续100年以上	10人以下
	木刻	县级	传统美术、传统技艺	延续100年以上	10人以下
赵村	刺绣	国家级	传统技艺	延续100年以上	10~30人

　　将文化遗存因子化，文化遗存一个为1分，两个为2分，三个及以上为3分，无为0分；级别，县级为1分，省级为2分，国家级为3分，无为0分；传承时间，延续100年以上为3分，延续50年以上为2分，无为0分；活动规模，全村参与和30人以上参与为3分，10～30人参与为2分，10人以下为1分，无为0分（表2-11）。

文化遗存影响因子　　　　　　　　　　　　　表2-11

村落名称	多样性	级别	传承时间	活动规模
八义村	1	2	3	1
东庄村	1	1	1	1
岳家寨	2	1	3	3
霓虹村	1	3	3	3
荫城村	1	2	3	3
中村	2	2	3	3
白杨坡村	3	1	3	3
上马村	2	1	1	1
神龙湾村	0	0	0	0
西社村	1	2	1	1
河南村	0	0	0	0
霞庄村	1	2	3	3
芳岱村	2	1	3	1
崔家庄村	2	1	2	3
琚寨村	0	0	0	0
南宋村	0	0	0	0
黄花村	0	0	0	0
豆峪村	0	0	0	0
蟒岩村	0	0	0	0
枣镇村	1	3	1	3
东骆驼村	1	3	1	3
西岭底村	3	2	3	3
瓜掌村	0	0	0	0
神北村	0	0	0	0
西范村	3	1	3	2
砖壁村	0	0	0	0

续表

村落名称	多样性	级别	传承时间	活动规模
泉之头村	1	1	3	3
古寨村	0	0	0	0
辛安村	2	3	3	3
土脚村	1	1	3	3
安乐村	1	1	3	3
车当村	1	3	3	2
大会村	2	3	3	2
东火村	3	3	3	3
东七里村	2	1	3	1
恭水村	0	0	0	0
河东村	1	2	3	2
孔家峻村	1	1	2	1
榔树园村	1	1	2	1
流吉村	1	1	3	1
龙柏庵村	1	3	3	2
南庄村	3	3	3	3
平家庄村	0	0	0	0
仟仵村	0	0	0	0
青草凹村	0	0	0	0
桑梓村	2	3	3	1
实会村	1	1	3	2
树掌村	1	2	3	3
太义掌村	1	1	3	2
唐村	3	1	3	1
王家峪村	3	1	3	3
苇水村	1	1	3	1
下兴居村	1	3	3	3
新庄村	0	0	0	0
窑上村	1	1	3	1
张家沟村	2	3	3	2
长宁村	3	2	3	2
赵村	1	3	3	2

通过多元线性回归分析各影响因子之间的相互依赖关系（表2-12～表2-15）。通过SPSS软件对传统村落空间影响因素的打分结果进行统计分析。其中：

Parameter Estimates即参数估计，n代表样本数。

B是非标准化系数，Beta是指标准化系数，Beta用来比较各个系数之间的绝对作用或者贡献的大小。

t值所展现的数值是对回归参数的显著性检验值，主要用于样本含量较小、总体标准差 σ 未知的正态分布。t检验为四大差异性统计分析方法之一，是基于t分布的统计理论，处理两个总体间的计量资料之间的差异。

p值是用来判定假设检验结果的一个参数，即当原假设为真时所得到的样本观察结果或更极端结果出现的概率。如果p值很小，说明发生情况的概率很小。

VIF即方差膨胀因子，如果VIF等于1，则因子之间没有多重共线性；如果VIF大于1，则预测变量可能具有相关性。

F值是方差检验量，是整个模型的整体检验，看它拟合的方程有没有意义。

R指的是复相关系数，R^2用于反映回归方程能够解释的方差占因变量方差的百分比。调整R^2同时考虑了样本数（n）和回归中自变量的个数（k）的影响，这使得调整R^2永远小于R^2，而且调整R^2的值不会由于回归中自变量个数的增加而越来越接近1。

D-W值即Durbin-Watson检验，是单独计算的，与表格无关。

传承时间因变量线性回归分析表　　　　　　　　　　　表2-12

影响因子	非标准化系数		标准化系数	t	p	VIF	R^2	调整R^2
	B	标差误	Beta					
常数	0.321	0.178	—	1.802	0.078	—	0.713	0.694
活动规模	0.433	0.141	0.393	3.083	0.003	2.602		
多样性	0.577	0.143	0.417	4.027	0.000	1.715		
级别	0.184	0.150	0.149	1.227	0.226	2.359		

因变量：传承时间
D-W值：1.254
*$p < 0.05$；**$p < 0.01$

将活动规模、多样性、级别作为自变量，将传承时间作为因变量进行线性回归分析，从上表可以看出，模型公式为：传承时间=0.321+0.433×活动规模+0.577×多样性+0.184×级别。对模型进行F检验时发现模型通过F检验（F=38.095，p=0.000<0.05），即说明活动规模、多样性、级别中至少一项会对传承时间产生影响关系。

活动规模的回归系数值为0.433（t=3.083，p=0.003<0.01），意味着活动规模会对传承时间产生显著的正向影响关系。

多样性的回归系数值为0.577（t=4.027，p=0.000<0.01），意味着多样性会对传承时间产生显著的正向影响关系。

级别的回归系数值为0.184（t=1.227，p=0.226>0.05），意味着级别并不会对传承时间产生影响关系。

总结分析可知：活动规模、多样性会对传承时间产生显著的正向影响关系，但是级别并不会对传承时间产生影响关系。

活动规模因变量线性回归分析表 表2-13

影响因子	非标准化系数		标准化系数	t	p	VIF	R^2	调整R^2
	B	标差误	Beta					
常数	0.082	0.175	—	0.470	0.641	—		
多样性	0.078	0.159	0.062	0.491	0.625	2.307	0.681	0.661
级别	0.463	0.128	0.414	3.614	0.001	1.898		
传承时间	0.395	0.128	0.436	3.083	0.003	2.888		

因变量：活动规模
D-W值：1.667
*p<0.05；**p<0.01

将多样性、级别、传承时间作为自变量，将活动规模作为因变量进行线性回归分析，从上表可以看出，模型公式为：活动规模=0.082+0.078×多样性+0.463×级别+0.395×传承时间。对模型进行F检验时发现模型通过F检验（F=32.804，p=0.000<0.05），即说明多样性、级别、传承时间中至少一项会对活动规模产生影响关系。另外，针对模型的多重共线性进行检验，D-W值在数字2附近，说明模型不存在自相

关性，样本数据之间并没有关联关系，模型较好。最终具体分析可知：

多样性的回归系数值为0.078（$t=0.491$，$p=0.625>0.05$），意味着多样性并不会对活动规模产生影响关系。

级别的回归系数值为0.463（$t=3.614$，$p=0.001<0.01$），意味着级别会对活动规模产生显著的正向影响关系。

传承时间的回归系数值为0.395（$t=3.083$，$p=0.003<0.01$），意味着传承时间会对活动规模产生显著的正向影响关系。

总结分析可知：级别、传承时间会对活动规模产生显著的正向影响关系，但是多样性并不会对活动规模产生影响关系。

级别因变量线性回归分析表   表2-14

影响因子	非标准化系数		标准化系数	t	p	VIF	R^2	调整R^2
	B	标差误	Beta					
常数	0.135	0.177	—	0.759	0.452	—		
传承时间	0.173	0.141	0.213	1.227	0.226	3.374	0.590	0.563
活动规模	0.478	0.132	0.534	3.614	0.001	2.445		
多样性	0.090	0.161	0.080	0.560	0.578	2.304		

因变量：级别
D-W值：1.770
* $p<0.05$；** $p<0.01$

将传承时间、活动规模、多样性作为自变量，将级别作为因变量进行线性回归分析，从上表可以看出，模型公式为：级别=0.135+0.173×传承时间+0.478×活动规模+0.090×多样性。对模型进行F检验时发现模型通过F检验（$F=22.026$，$p=0.000<0.05$），即说明传承时间、活动规模、多样性中至少一项会对级别产生影响关系。另外，针对模型的多重共线性进行检验，D-W值在数字2附近，说明模型不存在自相关性，样本数据之间并没有关联关系，模型较好。最终具体分析可知：

传承时间的回归系数值为0.173（$t=1.227$，$p=0.226>0.05$），意味着传承时间并不会对级别产生影响关系。

活动规模的回归系数值为0.478（$t=3.614$，$p=0.001<0.01$），意味着活动规模会对

级别产生显著的正向影响关系。

多样性的回归系数值为0.090（t=0.560，p=0.578>0.05），意味着多样性并不会对级别产生影响关系。

总结分析可知：活动规模会对级别产生显著的正向影响关系，但是传承时间、多样性并不会对级别产生影响关系。

多样性因变量线性回归分析表　　　　　表2-15

影响因子	非标准化系数		标准化系数	t	p	VIF	R^2	调整R^2
	B	标差误	Beta					
常数	0.095	0.162	—	0.584	0.562	—	0.569	0.541
级别	0.075	0.134	0.084	0.560	0.578	2.420		
传承时间	0.452	0.112	0.626	4.027	0.000	2.576		
活动规模	0.067	0.136	0.084	0.491	0.625	3.123		

因变量：多样性
D-W值：1.770
* p<0.05；** p<0.01

将级别、传承时间、活动规模作为自变量，将多样性作为因变量进行线性回归分析，从上表可以看出，模型公式为：多样性=0.095+0.075×级别+0.452×传承时间+0.067×规模。对模型进行F检验时发现模型通过F检验（F=20.229，p=0.000<0.05），即说明级别、传承时间、活动规模中至少一项会对多样性产生影响关系。

级别的回归系数值为0.075（t=0.560，p=0.578>0.05），意味着级别并不会对多样性产生影响关系。

传承时间的回归系数值为0.452（t=4.027，p=0.000<0.01），意味着传承时间会对多样性产生显著的正向影响关系。

活动规模的回归系数值为0.067（t=0.491，p=0.625>0.05），意味着活动规模并不会对多样性产生影响关系。

总结分析可知：传承时间会对多样性产生显著的正向影响关系，但是级别、活动规模并不会对多样性产生影响关系。

综上分析得出结论，传统村落文化遗存影响因子中，传承时间与活动规模相互影响，传承时间与多样性相互影响，多样性、级别、活动规模形成逐次单向影响。

2.4
军事活动遗址影响因素

古战场遗址、古关隘、古进军路线、藏兵洞等遗存，也是历史上影响浊漳河流域内古村镇聚落空间形态的因素之一。晋东南地区作为扼喉险要之地，历史上发生过许多大型战役，历来是军事纷争之地，也使得区域内古村镇一直兼有防御功能，形成了依托地形地貌防御、依托街道格局防御、依托建筑院落防御的古村落防御空间体系。

潞州（今属山西长治市上党区）作为兵家必争之地，浊漳河流域内有许多古战场，因此周边村落在村落形态和选址方面更注重防御功能。通过统计村落与古战场之间的距离进行相关性分析，距离0~10km为高相关（取值为3），距离10~20km为中相关（取值为2），距离20km以上为低相关（取值为1）（表2-16）。

传统村落与古代战场距离统计表		表2-16
村落名称	与古代战场距离（km）	相关度
桑梓一村	2.1	3
桑梓二村	2.4	3
西队村	5.2	3
东火村	5.7	3
平家庄村	3.7	3

续表

村落名称	与古代战场距离（km）	相关度
张家沟村	1.3	3
太义掌村	5.7	3
赵村	5.1	3
东七里村	16.3	2
河东村	29.7	1
树掌村	28.1	1
大会村	23.6	1
寨上村	7.5	3
琚寨村	3.7	3
南宋村	4.9	3
西岭底村	15.6	2
瓜掌村	17.4	2
神北村	26.9	1
南张店村	9.2	3
辛安村	15.2	2
土脚村	14.0	2
八义村	4.2	3
西岭村	3.4	3
中村	2.0	3
荫城村	1.8	3
芳岱村	29.5	1
崔家庄村	19.3	2
平均值	11.2	2.4

2.5
综合分析

通过对河谷地貌因素、经济发展因素、社会人文因素、军事活动遗址影响因素影响下的浊漳河流域南源古村镇聚落的空间形态特征分析，汇总各因素相关度打分，可得到表2-17。

传统村落空间分布特征评价总表   表2-17

村落名称	河谷地貌因素			经济发展因素			社会人文因素			军事活动遗址因素	总相关度
	海拔相关度	坡度相关度	河流距离相关度	冶炼产业相关度	潞商遗存相关度	古商道相关度	民俗遗存相关度	集市庙会相关度	宗教相关度	古战场相关度	
桑梓一村	2	2	3	3	3	2	3	2.5	3	3	26.5
桑梓二村	2	2	2	3	3	3	3	2.5	3	3	26.5
西队村	2	1	3	2	3	2	3	2	3	3	24
东火村	2	1	2	2	3	3	2	2	1	3	21
平家庄村	2	1	2	2	2	3	3	2	2	3	22
张家沟村	2	1	3	2	3	2	3	3	3	3	25
太义掌村	2	1	2	2	3	2	3	2.5	3	3	23.5
赵村	2	1	3	2	3	2	3	2.5	2	3	23.5
东七里村	3	2	2	3	2	3	2	2	2	2	23
河东村	3	1	2	2	2	2	2	1	1	1	17
树掌村	3	2	3	2	2	1	3	1	2	1	20
大会村	3	3	2	2	3	2	2	1	2	1	21
寨上村	2	2	1	2	2	3	3	2.5	3	3	23.5
琚寨村	2	2	2	3	2	2	2	2.5	1	3	21.5

续表

村落名称	河谷地貌因素			经济发展因素			社会人文因素			军事活动遗址因素	总相关度
	海拔相关度	坡度相关度	河流距离相关度	冶炼产业相关度	潞商遗存相关度	古商道相关度	民俗遗存相关度	集市庙会相关度	宗教相关度	古战场相关度	
南宋村	2	2	2	2	2	2	2	2.5	1	3	20.5
西岭底村	3	2	1	2	2	3	2	1.5	1	2	19.5
瓜掌村	3	2	2	3	3	2	3	1.5	1	2	22.5
神北村	3	3	3	3	2	2	1	1	1	1	20
南张店村	2	2	2	1	2	2	3	2.5	2	3	21.5
辛安村	1	1	3	1	1	2	2	2	2	2	17
土脚村	1	2	1	1	2	1	2	2	2	2	16
八义村	2	2	1	3	2	2	3	2.5	2	3	22.5
西岭村	2	3	1	2	2	1	1	3	1	3	19
中村	2	2	1	1	1	3	3	3	1	3	22
荫城村	2	1	3	3	2	3	3	2	3	3	25
芳岱村	2	2	3	2	2	2	2	1	1	1	18
崔家庄村	3	2	2	2	2	3	2	1.5	1	2	20.5
平均值	2.2	1.8	2.1	2.1	2.3	2.2	2.4	2	1.9	2.4	21.4
分项平均值	2.03			2.2			2.1			2.4	

按照0~1分为低相关，1~2.2分为中相关，2.2~3分为高相关，根据各影响因素相关性平均值可知，从二级因素指标来分析：地形坡度、佛教遗存为低相关因素；地形海拔、河流水系、冶炼产业、古商道、集市庙会为中相关因素；潞商、民俗活动、古战场遗址为高相关因素。从一级因素指标来分析：河谷地貌因素、经济发展因素、社会人文因素三者均为中相关，且河谷地貌因素对村落空间影响相对较小，经济与人文因素对村落空间影响相对较大。军事因素为高相关，这与区域内高密度的古战场遗址分布相关。

按照村落总相关度得分分析，27个样本村落相关性评分平均值为21.4，因此低于

20分为低相关村落（6个），20~22分为中相关村落（8个），22分及以上为高相关村落（13个）。根据统计分析可知，浊漳河流域南源传统村落整体空间形成与所选四大因素相关，本书论证了相关因素对传统村落的有效影响（图2-1，表2-18）。

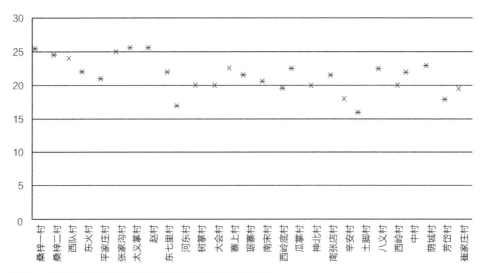

图2-1　浊漳河流域南源传统村落空间影响因素总体相关性

各空间影响因子相关度分析表　　　　　　　　　　　　　　　　表2-18

类别	非标准化系数		标准化系数	t	p	VIF	R^2	调整 R^2	F
	B	标准误差	Beta						
常数	0.005	0.117	—	0.044	0.965	—	1	1	$F=(10, 17)=7759$ $p=0.000$
海拔相关度	1.004	0.026	0.224	38.081	0.00	2.679			
坡度相关度	0.997	0.017	0.252	58.589	0.00	1.438			
河流距离相关度	1	0.017	0.29	59.601	0.00	1.836			
冶炼产业相关度	0.997	0.018	0.255	55.609	0.00	1.629			
潞商遗存相关度	1.003	0.022	0.215	45.605	0.00	1.719			

续表

类别	非标准化系数		标准化系数	t	p	VIF	R^2	调整R^2	F
	B	标准误差	Beta						
古商道相关度	0.995	0.027	0.239	36.57	0.00	3.313			
民俗遗存相关度	0.993	0.023	0.241	43.07	0.00	2.437			
集市庙会相关度	1.002	0.04	0.251	25.173	0.00	7.716			
宗教相关度	1	0.019	0.309	52.621	0.00	2.673			
古战场相关度	1.003	0.036	0.308	27.76	0.00	9.578			

因变量: 总相关度
D-W: 1.012
* $p<0.05$; ** $p<0.01$

海拔相关度的回归系数值为1.004（$t=38.081$，$p=0.000<0.01$），意味着海拔相关度会对总相关度产生显著的正向影响关系。

坡度相关度的回归系数值为0.997（$t=58.589$，$p=0.000<0.01$），意味着坡度相关度会对总相关度产生显著的正向影响关系。

河流距离相关度的回归系数值为1.000（$t=59.601$，$p=0.000<0.01$），意味着河流距离相关度会对总相关度产生显著的正向影响关系。

冶炼产业相关度的回归系数值为0.997（$t=55.609$，$p=0.000<0.01$），意味着冶炼产业相关度会对总相关度产生显著的正向影响关系。

潞商遗存相关度的回归系数值为1.003（$t=45.605$，$p=0.000<0.01$），意味着潞商遗存相关度会对总相关度产生显著的正向影响关系。

古商道相关度的回归系数值为0.995（$t=36.570$，$p=0.000<0.01$），意味着古商道相关度会对总相关度产生显著的正向影响关系。

民俗遗存相关度的回归系数值为0.993（$t=43.070$，$p=0.000<0.01$），意味着民俗遗存相关度会对总相关度产生显著的正向影响关系。

集市庙会相关度的回归系数值为1.002（$t=25.173$，$p=0.000<0.01$），意味着集市庙会相关度会对总相关度产生显著的正向影响关系。

宗教相关度的回归系数值为1.000（t=52.621，p=0.000<0.01），意味着宗教相关度会对总相关度产生显著的正向影响关系。

古战场相关度的回归系数值为1.003（t=27.760，p=0.000<0.01），意味着古战场相关度会对总相关度产生显著的正向影响关系。

总结分析可知：海拔相关度、坡度相关度、河流距离相关度、冶炼产业相关度、潞商遗存相关度、古商道相关度、民俗遗存相关度、集市庙会相关度、宗教相关度、古战场相关度全部会对总相关度产生显著的正向影响关系。

第 3 章

基于问卷打分评价的传统
村落聚落空间分析

3.1
评价体系构建原则

（1）地域性原则：不同村落的选址、形态等各不相同，均有其地域特色，在评价体系构建前，需要充分了解山西的地域特征，以保证评价体系的针对性。

（2）公正性原则：在考量影响村落发展因素时，应避免主观因素干扰，制定客观、公正的评价标准。

（3）全面性原则：评价因子的选取需综合考量山西的实际情况，保证评价结果综合全面，充分暴露现状问题。

（4）可操作性原则：为实现传统村落公共空间评价，应选择简单、直观的指标，避免设计过于繁琐的评价体系。

3.2
传统村落公共空间评价因子的选取及权重设置

1. 传统村落公共空间评价影响因子的选取

主要针对山西浊漳河流域传统村落公共空间传统风貌特色进行问卷打分评价，在我国传统村落评价认定指标体系的参照下，通过文献研读及实地调研，针对山西浊漳河流域传统村落的风貌特点进行资料总结及空间分析，选取具有代表性的评价因子，直接明了地反映空间现状问题（表3-1）。

山西传统村落公共空间评价体系 表3-1

一级影响因子（A_i）	二级影响因子（A_{ij}）	三级影响因子（A_{ijk}）
传统风貌（A_1）	街巷及建筑（A_{11}）	建筑风貌（A_{111}）
		街巷肌理格局（A_{112}）
		街巷空间风貌（A_{113}）
	物质遗存（A_{12}）	风貌现状（A_{121}）
		数量和规模（A_{122}）
		位置和布局（A_{123}）
	文化遗存（A_{13}）	传统节庆（A_{131}）
		传统技艺（A_{132}）

2．专家问卷重要性打分

各个指标权重通过结合层次分析法与专家打分法来确定，以问卷的形式，请19位规划行业的专业人士进行重要性评分（表3-2），并通过判断矩阵的构建，以及一致性检验，确定权重系数。

（1）采用三分制评价标准，基准分为1分；

（2）根据各影响因子对目标层的重要性，重要为3分，一般为2分，不重要为1分；

（3）为了评价结果的精确度，不设置折中分。

各级影响因子专家重要性评价平均得分 表3-2

一级影响因子	重要性得分	二级影响因子	重要性得分	三级影响因子	重要性得分
传统村落风貌	2.90	街巷建筑	2.90	建筑风貌	2.90
				街巷肌理格局	2.85
				街巷空间风貌	2.55
		物质遗存	2.90	风貌现状	2.65
				数量和规模	2.50
				位置和布局	2.25
		文化遗存	2.75	传统节庆	2.35
				传统技艺	2.60

3．构建判断矩阵

根据前文问卷结果，构建判断矩阵，确定目标因子权重，因评价因子层较多，在此以二级影响因子为例，对其进行矩阵构建及一致性检验进行计算说明。

通过前文所得的专家重要性评价平均分及1~9标度法，二级影响因子的判断矩阵如表3-3所示。

二级影响因子的判断矩阵 　　　　　表3-3

传统风貌（A_1）	街巷及建筑（A_{11}）	物质遗存（A_{12}）	文化遗存（A_{13}）	权重系数（W）
街巷及建筑（A_{11}）	1	1	2	0.4
物质遗存（A_{12}）	1	1	2	0.4
文化遗存（A_{13}）	1/2	1/2	1	0.2

根据二级影响因子的判断矩阵，利用方根计算法可得出各影响因子的权重系数：W_{11}为0.4，W_{12}为0.4，W_{13}为0.2。

4．一致性检验

经过上述专家评价打分及判断矩阵的构建之后，为了避免判断结果出现不准确性，还需对构建的判断矩阵进行一致性检验，以验证各专家之间的主观意见能否一致，使计算结果具有意义。本书采用一致性比率CR作为判断矩阵一致性的检验条件，若CR＜0.1，则可以认为该判断矩阵通过一致性检验，即所得到的专家打分结果具有一致性，反之则需要进一步咨询、修改专家重要性评分，直至通过一致性检验。CR的计算方法如公式（3-1）所示：

$$CR = \frac{CI}{RI} \qquad\qquad (3-1)$$

其中，RI表示随机一致性指标，其取值如表3-4所示，CI表示一致性指标，其计算方法如公式（3-2）所示：

$$CI = \frac{\lambda_{max} - n}{n-1} \qquad\qquad (3-2)$$

公式（3-2）中，λ_{max}表示一个判断矩阵的最大特征根，n表示判断矩阵的阶数，λ_{max}的计算方法较多，有幂法、求和法、方根法等，本书采用求和法计算，计算方法如下：

(1) 将A的每一列向量归一化［公式（3-3）］：

$$\tilde{w}_{ij} = a_{ij} / \sum\nolimits_{i=1}^{n} a_{ij} \tag{3-3}$$

其中，A表示某一判断矩阵，a表示第i个元素值。

(2) 对$\tilde{w}_{ij}$按行求和［公式（3-4）］：

$$\tilde{w}_i = \sum\nolimits_{j=1}^{n} \tilde{w}_{ij} \tag{3-4}$$

(3) 将$\tilde{w}_i$归一化得到：$\tilde{w} = (\tilde{w}_1, \tilde{w}_2, \cdots, \tilde{w}_n)^T$，$w = (w_1, w_2, \cdots, w_n)^T$

(4) 计算Aw：

(5) 计算最大特征根［公式（3-5）］：

$$\lambda_{\max} = \frac{1}{n} \sum\nolimits_{i=1}^{n} \frac{(Aw)_i}{w_i} \tag{3-5}$$

其中$(Aw)_i$表示向量Aw的第i个分量。

对上述二级影响因子判断矩阵进行一致性检验，根据上述方法求得判断矩阵特征向量最大值$\lambda_{\max} = 3$

则 $\mathrm{CI} = \dfrac{\lambda_{\max} - n}{n-1} = \dfrac{3-3}{3-2} = 0$，$\mathrm{CR} = \dfrac{\mathrm{CI}}{\mathrm{RI}} = \dfrac{0}{0.58} = 0 < 0.1$

由此可得出此判断矩阵通过一致性检验，二级影响因子权重分配合理。其他影响因子的判断矩阵构建及一致性检验见表3-4~表3-7。

随机一致性指标RI的数值　　　　　　　　　　　　表3-4

阶数（n）	1	2	3	4	5	6	7	8	9
RI	0.00	0.00	0.58	0.90	1.12	1.24	1.32	1.41	1.45

街巷及建筑（A_{11}）的判断矩阵　　　　　　　　　　表3-5

街巷及建筑（A_{11}）	建筑风貌（A_{111}）	街巷肌理格局（A_{112}）	街巷空间风貌（A_{113}）	权重系数（W）
建筑风貌（A_{111}）	1	2	3	0.54
街巷肌理格局（A_{112}）	1/2	1	2	0.30
街巷空间风貌（A_{113}）	1/3	1/2	1	0.16

注：判断矩阵一致性比例CR=0.0078＜0.1。

物质遗存（A_{12}）的判断矩阵　　　　　　　　　　　　　　表3-6

物质遗存（A_{12}）	风貌现状（A_{121}）	数量和规模（A_{122}）	位置和布局（A_{123}）	权重系数（W）
风貌现状（A_{121}）	1	2	3	0.54
数量和规模（A_{122}）	1/2	1	2	0.30
位置和布局（A_{123}）	1/3	1/2	1	0.16

注：判断矩阵一致性比例CR=0.0078＜0.1。

文化遗存（A_{13}）的判断矩阵　　　　　　　　　　　　　　表3-7

文化遗存（A_{13}）	传统节庆（A_{131}）	传统技艺（A_{132}）	权重系数（W）
传统节庆（A_{131}）	1	1/2	0.39
传统技艺（A_{132}）	2	1	0.61

注：判断矩阵一致性比例CR=0＜0.1。

5. 评分标准的制定

将0～5分与"很差、一般、优秀"3个等级相对应，语义差别标度，分数标度不设小数值（表3-8）。

评分标准语义差别标度　　　　　　　　　　　　　　表3-8

	较低程度 ◄━━━━━━━━► 较高程度		
标度变化	0～1	2～3	4～5
语义	很差	一般	优秀

根据浊漳河流域南源传统村落的实际情况，对公共空间评价中的9个影响因子制定评分标准和具体分值，如表3-9所示。

浊漳河流域南源传统村落公共空间评价评分标准　　　　　表3-9

三级影响因子	评分标准
建筑风貌（A_{111}）	建筑整体风貌特征明显、保存较好的为4～5分，一般的为2～3分，不好的为0～1分。
街巷肌理格局（A_{112}）	街巷风貌好、肌理完整的为4～5分，一般的为2～3分，很差的为0～1分。
街巷空间风貌（A_{113}）	街道空间类型多样，有收、放、转折等变化的为4～5分，一般的为2～3分，很差的为0～2分。
风貌现状（A_{121}）	祠堂庙宇，古树、古井、古池等物质遗存现状保存良好的为4～5分，一般的为2～3分，很差的为0～1分。

续表

三级影响因子	评分标准
数量和规模（A_{122}）	祠堂庙宇，古树、古井、古池等物质遗存丰富多样，数量较多的为4～5分，一般的为2～3分，很差的为0～1分。
位置和布局（A_{123}）	祠堂庙宇，古树、古井、古池等物质遗存结合周围环境、布局合理的为4～5分，一般的为2～3分，很差的为0～1分。
传统节庆（A_{131}）	村落的传统民俗节日活动保留，保留完整的为4～5分，一般的为2～3分，很差甚至没有的为0～1分。
传统技艺（A_{132}）	村落传统音乐、手工、戏曲等传承非常好的为4～5分，一般的为2～3分，较差的为0～1分。

本书运用多因子加权法计算每一层级影响因子的得分，计算方法如公式（3–6）所示：

$$S = \sum_{i=1}^{n} W_i \cdot X_i \tag{3-6}$$

公式中，S表示某一评价因子的得分，X_i表示该影响因子的得分，W_i表示权重，i为影响因子数，并且$\sum W_i = 1$。

运用同样的方法计算综合评分，并对分值乘以10作为放大系数，计算方法如公式（3–7）：

$$S = 10 \cdot \sum_{i=1}^{n} W_i \cdot \left[\sum_{j=1}^{n} W_{ij} \cdot \left(\sum_{k=1}^{n} W_{ijk} \cdot X_k \right) \right] \tag{3-7}$$

公式中，S表示该传统村落公共空间评价的综合得分，W_i表示某一影响因子的权重，X表示某三级影响因子的得分，i表示一级影响因子的序号，j表示二级影响因子的序号，k表示三级影响因子的序号。

6. 评价等级的划分

本书参考其他传统村落公共空间评价等级，采用SD语义差别法，以30分作为合格线，把0～50分与"不合格、合格、良好、优秀"四个等级相对应，其语义差别标度如表3–10所示。

综合评价语义差别标度 表3–10

	较低程度 ◄————————► 较高程度			
标度变化	0～30分	30～35分	35～40分	40～50分
标度等级	D（不合格）	C（合格）	B（良好）	A（优秀）

根据传统村落公共空间评价的综合得分及语义差别标度，对传统村落公共空间进行等级划分，如表3–11所示。

浊漳河流域南源传统村落公共空间综合评价等级划分　　　表3-11

等级	分数	具体说明
A（优秀）	40~50分	村落整体传统风貌较好，街巷肌理完整，识别性好，街道空间类型多样；村落中建筑整体风貌较好，传统建筑保存程度较好；广场、水塘、古树、古井、庙宇等物质遗存现状较好，种类丰富，布局合理；传统节庆、传统技艺等文化遗存延续较好，具有一定传承。
B（良好）	35~40分	村落整体传统风貌良好，街巷肌理完整，识别度良好，街道空间类型多样；村落中建筑整体风貌尚可，传统建筑保存程度良好；具有广场、水塘、古树、古井、庙宇等物质遗存，布局基本合理；传统节庆、传统技艺等文化遗存延续度传承度良好。
C（合格）	30~35分	村落整体传统风貌一般，街巷肌理完整，识别性稍差，街道空间类型不够多样；村落中建筑整体风貌一般，传统建筑保存程度稍差；广场、水塘、古树、古井、庙宇等物质遗存丰富和遗存数量稍差，布局不够合理；传统节庆、传统技艺等文化遗存缺乏一定延续和传承。
D（不合格）	0~30分	村落整体传统风貌不好，街巷肌理完整性不足，识别度很差，街巷空间不具备传统风貌特色；村落中建筑整体风貌很差，传统建筑保存程度不高；缺乏广场、水塘、古树、古井、庙宇等物质遗存；传统节庆、传统技艺等文化遗存几乎没有得到延续。

根据传统村落公共空间评价权重及标准，我们可以对浊漳河流域公共空间二级影响因子进行等级划分，由此可以对浊漳河流域南源内不同传统村落公共空间在相同影响因子下的不同结果进行横向比较，使评价更加详细、全面（表3-12）。

浊漳河流域南源传统村落公共空间相对评价等级　　　表3-12

等级	相较于满分比重	具体说明
A（优秀）	80%~100%	这一等级的影响因子，其下一级影响因子的现状符合评价标准，整体很好，局部可能存在一些瑕疵。
B（良好）	70%~80%	这一等级的影响因子，其下一级影响因子的现状较符合评价标准，整体还不错，但是局部存在一些问题。
C（合格）	60%~70%	这一等级的影响因子，其下一级影响因子的现状只有一部分符合标准，整体情况不好，存在很多问题。
D（不合格）	0~60%	这一等级的影响因子，其下一级影响因子的现状基本不符合评价标准，整体较差，存在很严重的问题。

3.3
传统村落公共空间评价结果

传统村落公共空间评价结果见表3-13~表3-62。

01-八义村 表3-13

一级影响因子	评价结果		二级影响因子	评价结果		权重	三级影响因子	分数	权重
	分数	等级		分数	等级				
传统村落风貌	2.14	B	街巷及建筑	2.04	B	0.65	建筑风貌	2.90	0.47
							街巷肌理格局	2.85	0.43
							街巷空间风貌	2.25	0.10
			物质遗存	2.53	A	0.23	风貌现状	2.65	0.54
							数量和规模	2.45	0.30
							位置和布局	2.25	0.16
			文化遗存	1.92	C	0.12	传统节庆	2.00	0.67
							传统技艺	1.75	0.33

判断矩阵

传统村落风貌	街巷及建筑	物质遗存	文化遗存
街巷及建筑	1	3	5
物质遗存	1/3	1	2
文化遗存	1/5	1/2	1
街巷及建筑	建筑风貌	街巷肌理格局	街巷空间风貌
建筑风貌	1	1	5
街巷肌理格局	1	1	4
街巷空间风貌	1/5	1/4	1
物质遗存	风貌现状	数量和规模	位置和布局
风貌现状	1	2	3
数量和规模	1/2	1	2
位置和布局	1/3	1/2	1

文化遗存	传统节庆	传统技艺
传统节庆	1	2
传统技艺	1/2	1

02-平家庄村   表3-14

一级影响因子	评价结果		二级影响因子	评价结果		权重	三级影响因子	分数	权重
	分数	等级		分数	等级				
传统村落风貌	2.61	A	街巷及建筑	2.83	A	0.65	建筑风貌	2.90	0.40
							街巷肌理格局	2.85	0.40
							街巷空间风貌	2.65	0.20
			物质遗存	2.47	A	0.23	风貌现状	2.65	0.62
							数量和规模	2.25	0.24
							位置和布局	2.05	0.14
			文化遗存	1.65	C	0.12	传统节庆	1.75	0.80
							传统技艺	1.25	0.20

判断矩阵

传统村落风貌	街巷及建筑	物质遗存	文化遗存
街巷及建筑	1	3	5
物质遗存	1/3	1	2
文化遗存	1/5	1/2	1
街巷及建筑	建筑风貌	街巷肌理格局	街巷空间风貌
建筑风貌	1	1	2
街巷肌理格局	1	1	2
街巷空间风貌	1/2	1/2	1
物质遗存	风貌现状	数量和规模	位置和布局
风貌现状	1	3	4
数量和规模	1/3	1	2
位置和布局	1/4	1/2	1

文化遗存	传统节庆	传统技艺
传统节庆	1	4
传统技艺	1/4	1

03-琚寨村　　　　　　　　表3-15

一级影响因子	评价结果		二级影响因子	评价结果		权重	三级影响因子	分数	权重
	分数	等级		分数	等级				
传统村落风貌	2.56	A	街巷及建筑	2.75	A	0.65	建筑风貌	2.90	0.54
							街巷肌理格局	2.65	0.30
							街巷空间风貌	2.45	0.16
			物质遗存	2.47	A	0.23	风貌现状	2.65	0.62
							数量和规模	2.25	0.24
							位置和布局	2.05	0.14
			文化遗存	1.68	C	0.12	传统节庆	1.75	0.67
							传统技艺	1.55	0.33

判断矩阵

传统村落风貌	街巷及建筑	物质遗存	文化遗存
街巷及建筑	1	3	5
物质遗存	1/3	1	2
文化遗存	1/5	1/2	1
街巷及建筑	建筑风貌	街巷肌理格局	街巷空间风貌
建筑风貌	1	2	3
街巷肌理格局	1/2	1	2
街巷空间风貌	1/3	1/2	1
物质遗存	风貌现状	数量和规模	位置和布局
风貌现状	1	3	4
数量和规模	1/3	1	2
位置和布局	1/4	1/2	1

文化遗存	传统节庆	传统技艺
传统节庆	1	2
传统技艺	1/2	1

04-南宋村

表3-16

一级影响因子	评价结果		二级影响因子	评价结果		权重	三级影响因子	分数	权重
	分数	等级		分数	等级				
传统村落风貌	2.65	A	街巷及建筑	2.83	A	0.65	建筑风貌	2.90	0.40
							街巷肌理格局	2.85	0.40
							街巷空间风貌	2.65	0.20
			物质遗存	2.53	A	0.23	风貌现状	2.65	0.54
							数量和规模	2.45	0.30
							位置和布局	2.25	0.16
			文化遗存	1.92	C	0.12	传统节庆	2.00	0.67
							传统技艺	1.75	0.33

判断矩阵

传统村落风貌	街巷及建筑	物质遗存	文化遗存
街巷及建筑	1	3	5
物质遗存	1/3	1	2
文化遗存	1/5	1/2	1
街巷及建筑	建筑风貌	街巷肌理格局	街巷空间风貌
建筑风貌	1	1	2
街巷肌理格局	1	1	2
街巷空间风貌	1/2	1/2	1
物质遗存	风貌现状	数量和规模	位置和布局
风貌现状	1	2	3
数量和规模	1/2	1	2
位置和布局	1/3	1/2	1

文化遗存	传统节庆	传统技艺
传统节庆	1	2
传统技艺	1/2	1

05-桑梓村   表3-17

一级影响因子	评价结果		二级影响因子	评价结果		权重	三级影响因子	分数	权重
	分数	等级		分数	等级				
传统村落风貌	2.75	A	街巷及建筑	2.83	A	0.65	建筑风貌	2.90	0.40
							街巷肌理格局	2.85	0.40
							街巷空间风貌	2.65	0.20
			物质遗存	2.53	A	0.23	风貌现状	2.65	0.54
							数量和规模	2.45	0.30
							位置和布局	2.25	0.16
			文化遗存	1.65	C	0.12	传统节庆	1.75	0.80
							传统技艺	1.25	0.20

判断矩阵

传统村落风貌	街巷及建筑	物质遗存	文化遗存
街巷及建筑	1	3	5
物质遗存	1/3	1	2
文化遗存	1/5	1/2	1
街巷及建筑	建筑风貌	街巷肌理格局	街巷空间风貌
建筑风貌	1	1	2
街巷肌理格局	1	1	2
街巷空间风貌	1/2	1/2	1
物质遗存	风貌现状	数量和规模	位置和布局
风貌现状	1	2	3
数量和规模	1/2	1	2
位置和布局	1/3	1/2	1
文化遗存	传统节庆		传统技艺
传统节庆	1		4
传统技艺	1/4		1

06-张家沟村 表3-18

一级影响因子	评价结果		二级影响因子	评价结果		权重	三级影响因子	分数	权重
	分数	等级		分数	等级				
传统村落风貌	2.53	A	街巷及建筑	2.72	A	0.65	建筑风貌	2.90	0.65
							街巷肌理格局	2.45	0.23
							街巷空间风貌	2.25	0.12
			物质遗存	2.44	A	0.23	风貌现状	2.65	0.70
							数量和规模	2.05	0.19
							位置和布局	1.75	0.11
			文化遗存	1.68	C	0.12	传统节庆	1.75	0.67
							传统技艺	1.55	0.33

判断矩阵

传统村落风貌	街巷及建筑	物质遗存	文化遗存
街巷及建筑	1	3	5
物质遗存	1/3	1	2
文化遗存	1/5	1/2	1
街巷及建筑	建筑风貌	街巷肌理格局	街巷空间风貌
建筑风貌	1	3	5
街巷肌理格局	1/3	1	2
街巷空间风貌	1/5	1/2	1
物质遗存	风貌现状	数量和规模	位置和布局
风貌现状	1	4	6
数量和规模	1/4	1	2
位置和布局	1/6	1/2	1

文化遗存	传统节庆	传统技艺
传统节庆	1	4
传统技艺	1/4	1

07-太义掌村　　　　　　　　　　　　　　　表3-19

一级影响因子	评价结果		二级影响因子	评价结果		权重	三级影响因子	分数	权重
	分数	等级		分数	等级				
传统村落风貌	2.51	A	街巷及建筑	2.75	A	0.65	建筑风貌	2.90	0.54
							街巷肌理格局	2.65	0.30
							街巷空间风貌	2.45	0.16
			物质遗存	2.33	A	0.23	风貌现状	2.65	0.54
							数量和规模	2.05	0.30
							位置和布局	1.75	0.16
			文化遗存	1.59	C	0.12	传统节庆	1.75	0.67
							传统技艺	1.25	0.33

判断矩阵

传统村落风貌	街巷及建筑	物质遗存	文化遗存
街巷及建筑	1	3	5
物质遗存	1/3	1	2
文化遗存	1/5	1/2	1
街巷及建筑	建筑风貌	街巷肌理格局	街巷空间风貌
建筑风貌	1	2	3
街巷肌理格局	1/2	1	2
街巷空间风貌	1/3	1/2	1
物质遗存	风貌现状	数量和规模	位置和布局
风貌现状	1	2	3
数量和规模	1/2	1	2
位置和布局	1/3	1/2	1

文化遗存	传统节庆	传统技艺
传统节庆	1	2
传统技艺	1/2	1

08-赵村　　　　　　　　　　　　　　　　表3-20

一级影响因子	评价结果		二级影响因子	评价结果		权重	三级影响因子	分数	权重
	分数	等级		分数	等级				
传统村落风貌	2.63	A	街巷及建筑	2.83	A	0.65	建筑风貌	2.90	0.40
							街巷肌理格局	2.85	0.40
							街巷空间风貌	2.65	0.20
			物质遗存	2.43	A	0.23	风貌现状	2.65	0.62
							数量和规模	2.25	0.24
							位置和布局	1.75	0.14
			文化遗存	1.95	C	0.12	传统节庆	2.05	0.67
							传统技艺	1.75	0.33

判断矩阵

传统村落风貌	街巷及建筑	物质遗存	文化遗存
街巷及建筑	1	3	5
物质遗存	1/3	1	2
文化遗存	1/5	1/2	1
街巷及建筑	建筑风貌	街巷肌理格局	街巷空间风貌
建筑风貌	1	1	2
街巷肌理格局	1	1	2
街巷空间风貌	1/2	1/2	1
物质遗存	风貌现状	数量和规模	位置和布局
风貌现状	1	3	4
数量和规模	1/3	1	2
位置和布局	1/4	1/2	1

文化遗存	传统节庆	传统技艺
传统节庆	1	2
传统技艺	1/2	1

09-芳岱村　　　　　　　　　　　　　表3-21

一级影响因子	评价结果		二级影响因子	评价结果		权重	三级影响因子	分数	权重
	分数	等级		分数	等级				
传统村落风貌	2.53	A	街巷及建筑	2.72	A	0.65	建筑风貌	2.90	0.65
							街巷肌理格局	2.45	0.23
							街巷空间风貌	2.25	0.12
			物质遗存	2.44	A	0.23	风貌现状	2.65	0.70
							数量和规模	2.05	0.19
							位置和布局	1.75	0.11
			文化遗存	1.68	C	0.12	传统节庆	1.75	0.67
							传统技艺	1.55	0.33

判断矩阵

传统村落风貌	街巷及建筑	物质遗存	文化遗存
街巷及建筑	1	3	5
物质遗存	1/3	1	2
文化遗存	1/5	1/2	1
街巷及建筑	建筑风貌	街巷肌理格局	街巷空间风貌
建筑风貌	1	3	5
街巷肌理格局	1/3	1	2
街巷空间风貌	1/5	1/2	1
物质遗存	风貌现状	数量和规模	位置和布局
风貌现状	1	4	6
数量和规模	1/4	1	2
位置和布局	1/6	1/2	1
文化遗存	传统节庆		传统技艺
传统节庆	1		2
传统技艺	1/2		1

10-崔家庄村 表3-22

一级影响因子	评价结果		二级影响因子	评价结果		权重	三级影响因子	分数	权重
	分数	等级		分数	等级				
传统村落风貌	2.55	A	街巷及建筑	2.72	A	0.65	建筑风貌	2.90	0.54
							街巷肌理格局	2.65	0.30
							街巷空间风貌	2.45	0.16
			物质遗存	2.44	A	0.23	风貌现状	2.65	0.70
							数量和规模	2.05	0.19
							位置和布局	1.75	0.11
			文化遗存	1.65	C	0.12	传统节庆	1.75	0.80
							传统技艺	1.25	0.20

判断矩阵

传统村落风貌	街巷及建筑	物质遗存	文化遗存
街巷及建筑	1	3	5
物质遗存	1/3	1	2
文化遗存	1/5	1/2	1
街巷及建筑	建筑风貌	街巷肌理格局	街巷空间风貌
建筑风貌	1	2	3
街巷肌理格局	1/2	1	2
街巷空间风貌	1/3	1/2	1
物质遗存	风貌现状	数量和规模	位置和布局
风貌现状	1	4	6
数量和规模	1/4	1	2
位置和布局	1/6	1/2	1
文化遗存	传统节庆		传统技艺
传统节庆	1		4
传统技艺	1/4		1

11-西岭底村 表3-23

一级影响因子	评价结果		二级影响因子	评价结果		权重	三级影响因子	分数	权重
	分数	等级		分数	等级				
传统村落风貌	2.52	A	街巷及建筑	2.72	A	0.65	建筑风貌	2.90	0.65
							街巷肌理格局	2.45	0.23
							街巷空间风貌	2.25	0.12
			物质遗存	2.44	A	0.23	风貌现状	2.65	0.70
							数量和规模	2.05	0.19
							位置和布局	1.75	0.11
			文化遗存	1.59	C	0.12	传统节庆	1.75	0.67
							传统技艺	1.25	0.33

判断矩阵

传统村落风貌	街巷及建筑	物质遗存	文化遗存
街巷及建筑	1	3	5
物质遗存	1/3	1	2
文化遗存	1/5	1/2	1
街巷及建筑	建筑风貌	街巷肌理格局	街巷空间风貌
建筑风貌	1	3	5
街巷肌理格局	1/3	1	2
街巷空间风貌	1/5	1/2	1
物质遗存	风貌现状	数量和规模	位置和布局
风貌现状	1	4	6
数量和规模	1/4	1	2
位置和布局	1/6	1/2	1
文化遗存	传统节庆		传统技艺
传统节庆	1		2
传统技艺	1/2		1

12-瓜掌村

表3-24

一级影响因子	评价结果		二级影响因子	评价结果		权重	三级影响因子	分数	权重
	分数	等级		分数	等级				
传统村落风貌	2.65	A	街巷及建筑	2.83	A	0.65	建筑风貌	2.90	0.40
							街巷肌理格局	2.85	0.40
							街巷空间风貌	2.65	0.20
			物质遗存	2.53	A	0.23	风貌现状	2.65	0.54
							数量和规模	2.45	0.30
							位置和布局	2.25	0.16
			文化遗存	1.92	C	0.12	传统节庆	2.00	0.67
							传统技艺	1.75	0.33

判断矩阵

传统村落风貌	街巷及建筑	物质遗存	文化遗存
街巷及建筑	1	3	5
物质遗存	1/3	1	2
文化遗存	1/5	1/2	1
街巷及建筑	建筑风貌	街巷肌理格局	街巷空间风貌
建筑风貌	1	2	3
街巷肌理格局	1/2	1	2
街巷空间风貌	1/3	1/2	1
物质遗存	风貌现状	数量和规模	位置和布局
风貌现状	1	3	4
数量和规模	1/3	1	2
位置和布局	1/4	1/2	1

文化遗存	传统节庆	传统技艺
传统节庆	1	2
传统技艺	1/2	1

13-神北村 表3-25

一级影响因子	评价结果		二级影响因子	评价结果		权重	三级影响因子	分数	权重
	分数	等级		分数	等级				
传统村落风貌	2.53	A	街巷及建筑	2.72	A	0.65	建筑风貌	2.90	0.65
							街巷肌理格局	2.45	0.23
							街巷空间风貌	2.25	0.12
			物质遗存	2.44	A	0.23	风貌现状	2.65	0.70
							数量和规模	2.05	0.19
							位置和布局	1.75	0.11
			文化遗存	1.65	C	0.12	传统节庆	1.75	0.80
							传统技艺	1.25	0.20

判断矩阵

传统村落风貌	街巷及建筑	物质遗存	文化遗存
街巷及建筑	1	3	5
物质遗存	1/3	1	2
文化遗存	1/5	1/2	1
街巷及建筑	建筑风貌	街巷肌理格局	街巷空间风貌
建筑风貌	1	3	5
街巷肌理格局	1/3	1	2
街巷空间风貌	1/5	1/2	1
物质遗存	风貌现状	数量和规模	位置和布局
风貌现状	1	4	6
数量和规模	1/4	1	2
位置和布局	1/6	1/2	1
文化遗存	传统节庆		传统技艺
传统节庆	1		4
传统技艺	1/4		1

14-东七里村　　　　　　　　　　　　　　表3-26

一级影响因子	评价结果		二级影响因子	评价结果		权重	三级影响因子	分数	权重
	分数	等级		分数	等级				
传统村落风貌	2.62	A	街巷及建筑	2.83	A	0.65	建筑风貌	2.90	0.40
							街巷肌理格局	2.85	0.40
							街巷空间风貌	2.65	0.20
			物质遗存	2.53	A	0.23	风貌现状	2.65	0.54
							数量和规模	2.45	0.30
							位置和布局	2.25	0.16
			文化遗存	1.65	C	0.12	传统节庆	1.75	0.80
							传统技艺	1.25	0.20

判断矩阵

传统村落风貌	街巷及建筑	物质遗存	文化遗存
街巷及建筑	1	3	5
物质遗存	1/3	1	2
文化遗存	1/5	1/2	1
街巷及建筑	建筑风貌	街巷肌理格局	街巷空间风貌
建筑风貌	1	2	3
街巷肌理格局	1/2	1	2
街巷空间风貌	1/3	1/2	1
物质遗存	风貌现状	数量和规模	位置和布局
风貌现状	1	3	4
数量和规模	1/3	1	2
位置和布局	1/4	1/2	1

文化遗存	传统节庆	传统技艺
传统节庆	1	4
传统技艺	1/4	1

15-河东村　　　　　　　　　　　　　表3-27

一级影响因子	评价结果		二级影响因子	评价结果		权重	三级影响因子	分数	权重
	分数	等级		分数	等级				
传统村落风貌	2.58	A	街巷及建筑	2.75	A	0.65	建筑风貌	2.90	0.54
							街巷肌理格局	2.65	0.30
							街巷空间风貌	2.45	0.16
			物质遗存	2.47	A	0.23	风貌现状	2.65	0.62
							数量和规模	2.25	0.24
							位置和布局	2.05	0.14
			文化遗存	1.84	C	0.12	传统节庆	2.00	0.67
							传统技艺	1.75	0.33

判断矩阵

传统村落风貌	街巷及建筑	物质遗存	文化遗存
街巷及建筑	1	3	5
物质遗存	1/3	1	2
文化遗存	1/5	1/2	1
街巷及建筑	建筑风貌	街巷肌理格局	街巷空间风貌
建筑风貌	1	2	3
街巷肌理格局	1/2	1	2
街巷空间风貌	1/3	1/2	1
物质遗存	风貌现状	数量和规模	位置和布局
风貌现状	1	3	4
数量和规模	1/3	1	2
位置和布局	1/4	1/2	1
文化遗存	传统节庆		传统技艺
传统节庆	1		2
传统技艺	1/2		1

16-树掌村

表3-28

一级影响因子	评价结果		二级影响因子	评价结果		权重	三级影响因子	分数	权重
	分数	等级		分数	等级				
传统村落风貌	2.59	A	街巷及建筑	2.75	A	0.65	建筑风貌	2.90	0.54
							街巷肌理格局	2.65	0.30
							街巷空间风貌	2.45	0.16
			物质遗存	2.47	A	0.23	风貌现状	2.65	0.62
							数量和规模	2.25	0.24
							位置和布局	2.05	0.14
			文化遗存	1.92	C	0.12	传统节庆	2.00	0.67
							传统技艺	1.75	0.33

判断矩阵

传统村落风貌	街巷及建筑	物质遗存	文化遗存
街巷及建筑	1	3	5
物质遗存	1/3	1	2
文化遗存	1/5	1/2	1
街巷及建筑	建筑风貌	街巷肌理格局	街巷空间风貌
建筑风貌	1	2	3
街巷肌理格局	1/2	1	2
街巷空间风貌	1/3	1/2	1
物质遗存	风貌现状	数量和规模	位置和布局
风貌现状	1	3	4
数量和规模	1/3	1	2
位置和布局	1/4	1/2	1

文化遗存	传统节庆	传统技艺
传统节庆	1	2
传统技艺	1/2	1

17-土脚村   表3-29

一级影响因子	评价结果		二级影响因子	评价结果		权重	三级影响因子	分数	权重
	分数	等级		分数	等级				
传统村落风貌	2.61	A	街巷及建筑	2.83	A	0.65	建筑风貌	2.90	0.40
							街巷肌理格局	2.85	0.40
							街巷空间风貌	2.65	0.20
			物质遗存	2.47	A	0.23	风貌现状	2.65	0.62
							数量和规模	2.25	0.24
							位置和布局	2.05	0.14
			文化遗存	1.65	C	0.12	传统节庆	1.75	0.80
							传统技艺	1.25	0.20

判断矩阵

传统村落风貌	街巷及建筑	物质遗存	文化遗存
街巷及建筑	1	3	5
物质遗存	1/3	1	2
文化遗存	1/5	1/2	1
街巷及建筑	建筑风貌	街巷肌理格局	街巷空间风貌
建筑风貌	1	1	2
街巷肌理格局	1	1	2
街巷空间风貌	1/2	1/2	1
物质遗存	风貌现状	数量和规模	位置和布局
风貌现状	1	3	4
数量和规模	1/3	1	2
位置和布局	1/4	1/2	1

文化遗存	传统节庆	传统技艺
传统节庆	1	4
传统技艺	1/4	1

18-寨上村 表3-30

| 一级影响因子 | 评价结果 | | 二级影响因子 | 评价结果 | | 权重 | 三级影响因子 | 分数 | 权重 |
	分数	等级		分数	等级				
传统村落风貌	2.53	A	街巷及建筑	2.72	A	0.65	建筑风貌	2.90	0.65
							街巷肌理格局	2.45	0.23
							街巷空间风貌	2.25	0.12
			物质遗存	2.44	A	0.23	风貌现状	2.65	0.70
							数量和规模	2.05	0.19
							位置和布局	1.75	0.11
			文化遗存	1.65	C	0.12	传统节庆	1.75	0.80
							传统技艺	1.25	0.20

判断矩阵

传统村落风貌	街巷及建筑	物质遗存	文化遗存
街巷及建筑	1	3	5
物质遗存	1/3	1	2
文化遗存	1/5	1/2	1
街巷及建筑	建筑风貌	街巷肌理格局	街巷空间风貌
建筑风貌	1	3	5
街巷肌理格局	1/3	1	2
街巷空间风貌	1/5	1/2	1
物质遗存	风貌现状	数量和规模	位置和布局
风貌现状	1	4	6
数量和规模	1/4	1	2
位置和布局	1/6	1/2	1
文化遗存	传统节庆		传统技艺
传统节庆	1		4
传统技艺	1/4		1

19-南张店村　　　　　　　　　　表3-31

一级影响因子	评价结果		二级影响因子	评价结果		权重	三级影响因子	分数	权重
	分数	等级		分数	等级				
传统村落风貌	2.55	A	街巷及建筑	2.75	A	0.65	建筑风貌	2.90	0.54
							街巷肌理格局	2.65	0.30
							街巷空间风貌	2.45	0.16
			物质遗存	2.47	A	0.23	风貌现状	2.65	0.62
							数量和规模	2.25	0.24
							位置和布局	2.05	0.14
			文化遗存	1.65	C	0.12	传统节庆	1.75	0.80
							传统技艺	1.25	0.20

判断矩阵

传统村落风貌	街巷及建筑	物质遗存	文化遗存
街巷及建筑	1	3	5
物质遗存	1/3	1	2
文化遗存	1/5	1/2	1
街巷及建筑	建筑风貌	街巷肌理格局	街巷空间风貌
建筑风貌	1	2	3
街巷肌理格局	1/2	1	2
街巷空间风貌	1/3	1/2	1
物质遗存	风貌现状	数量和规模	位置和布局
风貌现状	1	3	4
数量和规模	1/3	1	2
位置和布局	1/4	1/2	1

文化遗存	传统节庆	传统技艺
传统节庆	1	4
传统技艺	1/4	1

20-中村 表3-32

一级影响因子	评价结果		二级影响因子	评价结果		权重	三级影响因子	分数	权重
	分数	等级		分数	等级				
传统村落风貌	2.59	A	街巷及建筑	2.75	A	0.65	建筑风貌	2.90	0.54
							街巷肌理格局	2.65	0.30
							街巷空间风貌	2.45	0.16
			物质遗存	2.47	A	0.23	风貌现状	2.65	0.62
							数量和规模	2.25	0.24
							位置和布局	2.05	0.14
			文化遗存	1.92	C	0.12	传统节庆	2.00	0.67
							传统技艺	1.75	0.33

判断矩阵

传统村落风貌	街巷及建筑	物质遗存	文化遗存
街巷及建筑	1	3	5
物质遗存	1/3	1	2
文化遗存	1/5	1/2	1
街巷及建筑	建筑风貌	街巷肌理格局	街巷空间风貌
建筑风貌	1	2	3
街巷肌理格局	1/2	1	2
街巷空间风貌	1/3	1/2	1
物质遗存	风貌现状	数量和规模	位置和布局
风貌现状	1	3	4
数量和规模	1/3	1	2
位置和布局	1/4	1/2	1

文化遗存	传统节庆	传统技艺
传统节庆	1	2
传统技艺	1/2	1

21-实会村

表3-33

一级影响因子	评价结果		二级影响因子	评价结果		权重	三级影响因子	分数	权重
	分数	等级		分数	等级				
传统村落风貌	2.56	A	街巷及建筑	2.75	A	0.65	建筑风貌	2.90	0.54
							街巷肌理格局	2.65	0.30
							街巷空间风貌	2.45	0.16
			物质遗存	2.47	A	0.23	风貌现状	2.65	0.62
							数量和规模	2.25	0.24
							位置和布局	2.05	0.14
			文化遗存	1.68	C	0.12	传统节庆	1.75	0.67
							传统技艺	1.55	0.33

判断矩阵

传统村落风貌	街巷及建筑	物质遗存	文化遗存
街巷及建筑	1	3	5
物质遗存	1/3	1	2
文化遗存	1/5	1/2	1
街巷及建筑	建筑风貌	街巷肌理格局	街巷空间风貌
建筑风貌	1	2	3
街巷肌理格局	1/2	1	2
街巷空间风貌	1/3	1/2	1
物质遗存	风貌现状	数量和规模	位置和布局
风貌现状	1	3	4
数量和规模	1/3	1	2
位置和布局	1/4	1/2	1
文化遗存	传统节庆		传统技艺
传统节庆	1		2
传统技艺	1/2		1

22-东庄村 表3-34

一级影响因子	评价结果		二级影响因子	评价结果		权重	三级影响因子	分数	权重
	分数	等级		分数	等级				
传统村落风貌	2.65	A	街巷及建筑	2.83	A	0.65	建筑风貌	2.90	0.40
							街巷肌理格局	2.85	0.40
							街巷空间风貌	2.65	0.20
			物质遗存	2.53	A	0.23	风貌现状	2.65	0.54
							数量和规模	2.45	0.30
							位置和布局	2.25	0.16
			文化遗存	1.92	C	0.12	传统节庆	2.00	0.67
							传统技艺	1.75	0.33

判断矩阵

传统村落风貌	街巷及建筑	物质遗存	文化遗存
街巷及建筑	1	3	5
物质遗存	1/3	1	2
文化遗存	1/5	1/2	1
街巷及建筑	建筑风貌	街巷肌理格局	街巷空间风貌
建筑风貌	1	2	3
街巷肌理格局	1/2	1	2
街巷空间风貌	1/3	1/2	1
物质遗存	风貌现状	数量和规模	位置和布局
风貌现状	1	3	4
数量和规模	1/3	1	2
位置和布局	1/4	1/2	1
文化遗存	传统节庆		传统技艺
传统节庆	1		2
传统技艺	1/2		1

23-遮峪村 表3-35

一级影响因子	评价结果		二级影响因子	评价结果		权重	三级影响因子	分数	权重
	分数	等级		分数	等级				
传统村落风貌	2.53	A	街巷及建筑	2.72	A	0.65	建筑风貌	2.90	0.65
							街巷肌理格局	2.45	0.23
							街巷空间风貌	2.25	0.12
			物质遗存	2.44	A	0.23	风貌现状	2.65	0.70
							数量和规模	2.05	0.19
							位置和布局	1.75	0.11
			文化遗存	1.65	C	0.12	传统节庆	1.75	0.80
							传统技艺	1.25	0.20

判断矩阵

传统村落风貌	街巷及建筑	物质遗存	文化遗存
街巷及建筑	1	3	5
物质遗存	1/3	1	2
文化遗存	1/5	1/2	1
街巷及建筑	建筑风貌	街巷肌理格局	街巷空间风貌
建筑风貌	1	3	5
街巷肌理格局	1/3	1	2
街巷空间风貌	1/5	1/2	1
物质遗存	风貌现状	数量和规模	位置和布局
风貌现状	1	4	6
数量和规模	1/4	1	2
位置和布局	1/6	1/2	1

文化遗存	传统节庆	传统技艺
传统节庆	1	4
传统技艺	1/4	1

24-泉之头村　　　　　　　　　　　表3-36

一级影响因子	评价结果		二级影响因子	评价结果		权重	三级影响因子	分数	权重
	分数	等级		分数	等级				
传统村落风貌	2.56	A	街巷及建筑	2.75	A	0.65	建筑风貌	2.90	0.54
							街巷肌理格局	2.65	0.30
							街巷空间风貌	2.45	0.16
			物质遗存	2.47	A	0.23	风貌现状	2.65	0.62
							数量和规模	2.25	0.24
							位置和布局	2.05	0.14
			文化遗存	1.68	C	0.12	传统节庆	1.75	0.67
							传统技艺	1.55	0.33

判断矩阵

传统村落风貌	街巷及建筑	物质遗存	文化遗存
街巷及建筑	1	3	5
物质遗存	1/3	1	2
文化遗存	1/5	1/2	1

街巷及建筑	建筑风貌	街巷肌理格局	街巷空间风貌
建筑风貌	1	2	3
街巷肌理格局	1/2	1	2
街巷空间风貌	1/3	1/2	1

物质遗存	风貌现状	数量和规模	位置和布局
风貌现状	1	3	4
数量和规模	1/3	1	2
位置和布局	1/4	1/2	1

文化遗存	传统节庆	传统技艺
传统节庆	1	2
传统技艺	1/2	1

25-西社村　　　表3-37

一级影响因子	评价结果		二级影响因子	评价结果		权重	三级影响因子	分数	权重
	分数	等级		分数	等级				
传统村落风貌	2.62	A	街巷及建筑	2.83	A	0.65	建筑风貌	2.90	0.40
							街巷肌理格局	2.85	0.40
							街巷空间风貌	2.65	0.20
			物质遗存	2.53	A	0.23	风貌现状	2.65	0.54
							数量和规模	2.45	0.30
							位置和布局	2.25	0.16
			文化遗存	1.68	C	0.12	传统节庆	1.75	0.67
							传统技艺	1.55	0.33

判断矩阵

传统村落风貌	街巷及建筑	物质遗存	文化遗存
街巷及建筑	1	3	5
物质遗存	1/3	1	2
文化遗存	1/5	1/2	1

街巷及建筑	建筑风貌	街巷肌理格局	街巷空间风貌
建筑风貌	1	1	2
街巷肌理格局	1	1	2
街巷空间风貌	1/2	1/2	1

物质遗存	风貌现状	数量和规模	位置和布局
风貌现状	1	2	3
数量和规模	1/2	1	2
位置和布局	1/3	1/2	1

文化遗存	传统节庆	传统技艺
传统节庆	1	2
传统技艺	1/2	1

26-上马村　　　　　　　　　　　　　　　　　表3-38

一级影响因子	评价结果		二级影响因子	评价结果		权重	三级影响因子	分数	权重
	分数	等级		分数	等级				
传统村落风貌	2.56	A	街巷及建筑	2.75	A	0.65	建筑风貌	2.90	0.54
							街巷肌理格局	2.65	0.30
							街巷空间风貌	2.45	0.16
			物质遗存	2.47	A	0.23	风貌现状	2.65	0.62
							数量和规模	2.25	0.24
							位置和布局	2.05	0.14
			文化遗存	1.65	C	0.12	传统节庆	1.75	0.80
							传统技艺	1.25	0.20

判断矩阵

传统村落风貌	街巷及建筑	物质遗存	文化遗存
街巷及建筑	1	3	5
物质遗存	1/3	1	2
文化遗存	1/5	1/2	1
街巷及建筑	建筑风貌	街巷肌理格局	街巷空间风貌
建筑风貌	1	2	3
街巷肌理格局	1/2	1	2
街巷空间风貌	1/3	1/2	1
物质遗存	风貌现状	数量和规模	位置和布局
风貌现状	1	3	4
数量和规模	1/3	1	2
位置和布局	1/4	1/2	1

文化遗存	传统节庆	传统技艺
传统节庆	1	4
传统技艺	1/4	1

27-王家峪村　　　　　　　　　　　　　　　　　　　表3-39

一级影响因子	评价结果		二级影响因子	评价结果		权重	三级影响因子	分数	权重
	分数	等级		分数	等级				
传统村落风貌	2.65	A	街巷及建筑	2.83	A	0.65	建筑风貌	2.90	0.40
							街巷肌理格局	2.85	0.40
							街巷空间风貌	2.65	0.20
			物质遗存	2.53	A	0.23	风貌现状	2.65	0.54
							数量和规模	2.45	0.30
							位置和布局	2.25	0.16
			文化遗存	1.92	C	0.12	传统节庆	2.00	0.67
							传统技艺	1.75	0.33

判断矩阵

传统村落风貌	街巷及建筑	物质遗存	文化遗存
街巷及建筑	1	3	5
物质遗存	1/3	1	2
文化遗存	1/5	1/2	1
街巷及建筑	建筑风貌	街巷肌理格局	街巷空间风貌
建筑风貌	1	2	3
街巷肌理格局	1/2	1	2
街巷空间风貌	1/3	1/2	1
物质遗存	风貌现状	数量和规模	位置和布局
风貌现状	1	3	4
数量和规模	1/3	1	2
位置和布局	1/4	1/2	1
文化遗存	传统节庆		传统技艺
传统节庆	1		2
传统技艺	1/2		1

28-砖壁村

表3-40

一级影响因子	评价结果		二级影响因子	评价结果		权重	三级影响因子	分数	权重
	分数	等级		分数	等级				
传统村落风貌	2.54	A	街巷及建筑	2.75	A	0.65	建筑风貌	2.90	0.54
							街巷肌理格局	2.65	0.30
							街巷空间风貌	2.45	0.16
			物质遗存	2.47	A	0.23	风貌现状	2.65	0.62
							数量和规模	2.25	0.24
							位置和布局	2.05	0.14
			文化遗存	1.65	C	0.12	传统节庆	1.75	0.67
							传统技艺	1.55	0.33

判断矩阵

传统村落风貌	街巷及建筑	物质遗存	文化遗存
街巷及建筑	1	3	5
物质遗存	1/3	1	2
文化遗存	1/5	1/2	1
街巷及建筑	建筑风貌	街巷肌理格局	街巷空间风貌
建筑风貌	1	2	3
街巷肌理格局	1/2	1	2
街巷空间风貌	1/3	1/2	1
物质遗存	风貌现状	数量和规模	位置和布局
风貌现状	1	3	4
数量和规模	1/3	1	2
位置和布局	1/4	1/2	1
文化遗存	传统节庆		传统技艺
传统节庆	1		2
传统技艺	1/2		1

29-桃阳村　　表3-41

一级影响因子	评价结果		二级影响因子	评价结果		权重	三级影响因子	分数	权重
	分数	等级		分数	等级				
传统村落风貌	2.56	A	街巷及建筑	2.75	A	0.65	建筑风貌	2.90	0.54
							街巷肌理格局	2.65	0.30
							街巷空间风貌	2.45	0.16
			物质遗存	2.47	A	0.23	风貌现状	2.65	0.62
							数量和规模	2.25	0.24
							位置和布局	2.05	0.14
			文化遗存	1.65	C	0.12	传统节庆	1.75	0.80
							传统技艺	1.25	0.20

判断矩阵

传统村落风貌	街巷及建筑	物质遗存	文化遗存
街巷及建筑	1	3	5
物质遗存	1/3	1	2
文化遗存	1/5	1/2	1
街巷及建筑	建筑风貌	街巷肌理格局	街巷空间风貌
建筑风貌	1	2	3
街巷肌理格局	1/2	1	2
街巷空间风貌	1/3	1/2	1
物质遗存	风貌现状	数量和规模	位置和布局
风貌现状	1	3	4
数量和规模	1/3	1	2
位置和布局	1/4	1/2	1
文化遗存	传统节庆		传统技艺
传统节庆	1		4
传统技艺	1/4		1

30-东骆驼村　　　　　　　　　表3-42

一级影响因子	评价结果		二级影响因子	评价结果		权重	三级影响因子	分数	权重
	分数	等级		分数	等级				
传统村落风貌	2.56	A	街巷及建筑	2.75	A	0.65	建筑风貌	2.90	0.54
							街巷肌理格局	2.65	0.30
							街巷空间风貌	2.45	0.16
			物质遗存	2.47	A	0.23	风貌现状	2.65	0.62
							数量和规模	2.25	0.24
							位置和布局	2.05	0.14
			文化遗存	1.71	C	0.12	传统节庆	1.75	0.80
							传统技艺	1.55	0.20

判断矩阵

传统村落风貌	街巷及建筑	物质遗存	文化遗存
街巷及建筑	1	3	5
物质遗存	1/3	1	2
文化遗存	1/5	1/2	1
街巷及建筑	建筑风貌	街巷肌理格局	街巷空间风貌
建筑风貌	1	2	3
街巷肌理格局	1/2	1	2
街巷空间风貌	1/3	1/2	1
物质遗存	风貌现状	数量和规模	位置和布局
风貌现状	1	3	4
数量和规模	1/3	1	2
位置和布局	1/4	1/2	1
文化遗存	传统节庆		传统技艺
传统节庆	1		2
传统技艺	1/2		1

31-荫城村　　　　　　表3-43

一级影响因子	评价结果		二级影响因子	评价结果		权重	三级影响因子	分数	权重
	分数	等级		分数	等级				
传统村落风貌	2.62	A	街巷及建筑	2.83	A	0.65	建筑风貌	2.90	0.40
							街巷肌理格局	2.85	0.40
							街巷空间风貌	2.65	0.20
			物质遗存	2.53	A	0.23	风貌现状	2.65	0.54
							数量和规模	2.45	0.30
							位置和布局	2.25	0.16
			文化遗存	1.65	C	0.12	传统节庆	1.75	0.80
							传统技艺	1.25	0.20

判断矩阵

传统村落风貌	街巷及建筑	物质遗存	文化遗存
街巷及建筑	1	3	5
物质遗存	1/3	1	2
文化遗存	1/5	1/2	1
街巷及建筑	建筑风貌	街巷肌理格局	街巷空间风貌
建筑风貌	1	1	2
街巷肌理格局	1	1	2
街巷空间风貌	1/2	1/2	1
物质遗存	风貌现状	数量和规模	位置和布局
风貌现状	1	2	3
数量和规模	1/2	1	2
位置和布局	1/3	1/2	1

文化遗存	传统节庆	传统技艺
传统节庆	1	4
传统技艺	1/4	1

32-仟仟村 表3-44

一级影响因子	评价结果		二级影响因子	评价结果		权重	三级影响因子	分数	权重
	分数	等级		分数	等级				
传统村落风貌	2.53	A	街巷及建筑	2.72	A	0.65	建筑风貌	2.90	0.65
							街巷肌理格局	2.45	0.23
							街巷空间风貌	2.25	0.12
			物质遗存	2.44	A	0.23	风貌现状	2.65	0.70
							数量和规模	2.05	0.19
							位置和布局	1.75	0.11
			文化遗存	1.65	C	0.12	传统节庆	1.75	0.80
							传统技艺	1.25	0.20

判断矩阵

传统村落风貌	街巷及建筑	物质遗存	文化遗存
街巷及建筑	1	3	5
物质遗存	1/3	1	2
文化遗存	1/5	1/2	1
街巷及建筑	建筑风貌	街巷肌理格局	街巷空间风貌
建筑风貌	1	3	5
街巷肌理格局	1/3	1	2
街巷空间风貌	1/5	1/2	1
物质遗存	风貌现状	数量和规模	位置和布局
风貌现状	1	4	6
数量和规模	1/4	1	2
位置和布局	1/6	1/2	1
文化遗存	传统节庆		传统技艺
传统节庆	1		4
传统技艺	1/4		1

33-孔家峁村   表3-45

一级影响因子	评价结果		二级影响因子	评价结果		权重	三级影响因子	分数	权重
	分数	等级		分数	等级				
传统村落风貌	2.53	A	街巷及建筑	2.72	A	0.65	建筑风貌	2.90	0.65
							街巷肌理格局	2.45	0.23
							街巷空间风貌	2.25	0.12
			物质遗存	2.44	A	0.23	风貌现状	2.65	0.70
							数量和规模	2.05	0.19
							位置和布局	1.75	0.11
			文化遗存	1.65	C	0.12	传统节庆	1.75	0.80
							传统技艺	1.25	0.20

判断矩阵

传统村落风貌	街巷及建筑	物质遗存	文化遗存
街巷及建筑	1	3	5
物质遗存	1/3	1	2
文化遗存	1/5	1/2	1
街巷及建筑	建筑风貌	街巷肌理格局	街巷空间风貌
建筑风貌	1	3	5
街巷肌理格局	1/3	1	2
街巷空间风貌	1/5	1/2	1
物质遗存	风貌现状	数量和规模	位置和布局
风貌现状	1	4	6
数量和规模	1/4	1	2
位置和布局	1/6	1/2	1
文化遗存	传统节庆		传统技艺
传统节庆	1		4
传统技艺	1/4		1

34-霞庄村 表3-46

一级影响因子	评价结果		二级影响因子	评价结果		权重	三级影响因子	分数	权重
	分数	等级		分数	等级				
传统村落风貌	2.56	A	街巷及建筑	2.75	A	0.65	建筑风貌	2.90	0.54
							街巷肌理格局	2.65	0.30
							街巷空间风貌	2.45	0.16
			物质遗存	2.47	A	0.23	风貌现状	2.65	0.62
							数量和规模	2.25	0.24
							位置和布局	2.05	0.14
			文化遗存	1.65	C	0.12	传统节庆	1.75	0.80
							传统技艺	1.25	0.20

判断矩阵

传统村落风貌	街巷及建筑	物质遗存	文化遗存
街巷及建筑	1	3	5
物质遗存	1/3	1	2
文化遗存	1/5	1/2	1

街巷及建筑	建筑风貌	街巷肌理格局	街巷空间风貌
建筑风貌	1	2	3
街巷肌理格局	1/2	1	2
街巷空间风貌	1/3	1/2	1

物质遗存	风貌现状	数量和规模	位置和布局
风貌现状	1	3	4
数量和规模	1/3	1	2
位置和布局	1/4	1/2	1

文化遗存	传统节庆	传统技艺
传统节庆	1	4
传统技艺	1/4	1

35-长宁村　　　　　　　　　　　　表3-47

一级影响因子	评价结果		二级影响因子	评价结果		权重	三级影响因子	分数	权重
	分数	等级		分数	等级				
传统村落风貌	2.62	A	街巷及建筑	2.83	A	0.65	建筑风貌	2.90	0.40
							街巷肌理格局	2.85	0.40
							街巷空间风貌	2.65	0.20
			物质遗存	2.53	A	0.23	风貌现状	2.65	0.54
							数量和规模	2.45	0.30
							位置和布局	2.25	0.16
			文化遗存	1.65	C	0.12	传统节庆	1.75	0.80
							传统技艺	1.25	0.20

判断矩阵

传统村落风貌	街巷及建筑	物质遗存	文化遗存
街巷及建筑	1	3	5
物质遗存	1/3	1	2
文化遗存	1/5	1/2	1
街巷及建筑	建筑风貌	街巷肌理格局	街巷空间风貌
建筑风貌	1	1	2
街巷肌理格局	1	1	2
街巷空间风貌	1/2	1/2	1
物质遗存	风貌现状	数量和规模	位置和布局
风貌现状	1	2	3
数量和规模	1/2	1	2
位置和布局	1/3	1/2	1
文化遗存	传统节庆		传统技艺
传统节庆	1		4
传统技艺	1/4		1

36-枣镇村

表3-48

一级影响因子	评价结果		二级影响因子	评价结果		权重	三级影响因子	分数	权重
	分数	等级		分数	等级				
传统村落风貌	2.48	A	街巷及建筑	2.72	A	0.65	建筑风貌	2.90	0.65
							街巷肌理格局	2.45	0.23
							街巷空间风貌	2.25	0.12
			物质遗存	2.24	A	0.23	风貌现状	2.65	0.70
							数量和规模	2.05	0.19
							位置和布局	1.75	0.11
			文化遗存	1.65	C	0.12	传统节庆	1.75	0.80
							传统技艺	1.25	0.20

判断矩阵

传统村落风貌	街巷及建筑	物质遗存	文化遗存
街巷及建筑	1	3	5
物质遗存	1/3	1	2
文化遗存	1/5	1/2	1
街巷及建筑	建筑风貌	街巷肌理格局	街巷空间风貌
建筑风貌	1	3	5
街巷肌理格局	1/3	1	2
街巷空间风貌	1/5	1/2	1
物质遗存	风貌现状	数量和规模	位置和布局
风貌现状	1	4	6
数量和规模	1/4	1	2
位置和布局	1/6	1/2	1
文化遗存	传统节庆		传统技艺
传统节庆	1		4
传统技艺	1/4		1

37-河南村　　表3-49

一级影响因子	评价结果		二级影响因子	评价结果		权重	三级影响因子	分数	权重
	分数	等级		分数	等级				
传统村落风貌	2.55	A	街巷及建筑	2.75	A	0.65	建筑风貌	2.90	0.54
							街巷肌理格局	2.65	0.30
							街巷空间风貌	2.45	0.16
			物质遗存	2.44	A	0.23	风貌现状	2.65	0.70
							数量和规模	2.05	0.19
							位置和布局	1.75	0.11
			文化遗存	1.65	C	0.12	传统节庆	1.75	0.80
							传统技艺	1.25	0.20

判断矩阵

传统村落风貌	街巷及建筑	物质遗存	文化遗存
街巷及建筑	1	3	5
物质遗存	1/3	1	2
文化遗存	1/5	1/2	1
街巷及建筑	建筑风貌	街巷肌理格局	街巷空间风貌
建筑风貌	1	2	3
街巷肌理格局	1/2	1	2
街巷空间风貌	1/3	1/2	1
物质遗存	风貌现状	数量和规模	位置和布局
风貌现状	1	4	6
数量和规模	1/4	1	2
位置和布局	1/6	1/2	1
文化遗存	传统节庆		传统技艺
传统节庆	1		4
传统技艺	1/4		1

38-候壁村

表3-50

一级影响因子	评价结果		二级影响因子	评价结果		权重	三级影响因子	分数	权重
	分数	等级		分数	等级				
传统村落风貌	2.53	A	街巷及建筑	2.72	A	0.65	建筑风貌	2.90	0.65
							街巷肌理格局	2.45	0.23
							街巷空间风貌	2.25	0.12
			物质遗存	2.44	A	0.23	风貌现状	2.65	0.70
							数量和规模	2.05	0.19
							位置和布局	1.75	0.11
			文化遗存	1.65	C	0.12	传统节庆	1.75	0.80
							传统技艺	1.25	0.20

判断矩阵

传统村落风貌	街巷及建筑	物质遗存	文化遗存
街巷及建筑	1	3	5
物质遗存	1/3	1	2
文化遗存	1/5	1/2	1
街巷及建筑	建筑风貌	街巷肌理格局	街巷空间风貌
建筑风貌	1	3	5
街巷肌理格局	1/3	1	2
街巷空间风貌	1/5	1/2	1
物质遗存	风貌现状	数量和规模	位置和布局
风貌现状	1	4	6
数量和规模	1/4	1	2
位置和布局	1/6	1/2	1
文化遗存	传统节庆		传统技艺
传统节庆	1		4
传统技艺	1/4		1

39-安乐村 表3-51

一级影响因子	评价结果		二级影响因子	评价结果		权重	三级影响因子	分数	权重
	分数	等级		分数	等级				
传统村落风貌	2.56	A	街巷及建筑	2.75	A	0.65	建筑风貌	2.90	0.54
							街巷肌理格局	2.65	0.30
							街巷空间风貌	2.45	0.16
			物质遗存	2.47	A	0.23	风貌现状	2.65	0.62
							数量和规模	2.25	0.24
							位置和布局	2.05	0.14
			文化遗存	1.65	C	0.12	传统节庆	1.75	0.80
							传统技艺	1.55	0.20

判断矩阵

传统村落风貌	街巷及建筑	物质遗存	文化遗存
街巷及建筑	1	3	5
物质遗存	1/3	1	2
文化遗存	1/5	1/2	1

街巷及建筑	建筑风貌	街巷肌理格局	街巷空间风貌
建筑风貌	1	2	3
街巷肌理格局	1/2	1	2
街巷空间风貌	1/3	1/2	1

物质遗存	风貌现状	数量和规模	位置和布局
风貌现状	1	3	4
数量和规模	1/3	1	2
位置和布局	1/4	1/2	1

文化遗存	传统节庆	传统技艺
传统节庆	1	4
传统技艺	1/4	1

40-奥冶村　　　　　　　　　　　　　　表3-52

一级影响因子	评价结果		二级影响因子	评价结果		权重	三级影响因子	分数	权重
	分数	等级		分数	等级				
传统村落风貌	2.53	A	街巷及建筑	2.75	A	0.65	建筑风貌	2.90	0.65
							街巷肌理格局	2.45	0.23
							街巷空间风貌	2.25	0.12
			物质遗存	2.47	A	0.23	风貌现状	2.65	0.70
							数量和规模	2.05	0.19
							位置和布局	1.75	0.11
			文化遗存	1.65	C	0.12	传统节庆	1.75	0.80
							传统技艺	1.25	0.20

判断矩阵

传统村落风貌	街巷及建筑	物质遗存	文化遗存
街巷及建筑	1	3	5
物质遗存	1/3	1	2
文化遗存	1/5	1/2	1
街巷及建筑	建筑风貌	街巷肌理格局	街巷空间风貌
建筑风貌	1	3	5
街巷肌理格局	1/3	1	2
街巷空间风貌	1/5	1/2	1
物质遗存	风貌现状	数量和规模	位置和布局
风貌现状	1	4	6
数量和规模	1/4	1	2
位置和布局	1/6	1/2	1

文化遗存	传统节庆	传统技艺
传统节庆	1	4
传统技艺	1/4	1

41-南庄村 表3-53

一级影响因子	评价结果		二级影响因子	评价结果		权重	三级影响因子	分数	权重
	分数	等级		分数	等级				
传统村落风貌	2.56	A	街巷及建筑	2.75	A	0.65	建筑风貌	2.90	0.54
							街巷肌理格局	2.65	0.30
							街巷空间风貌	2.45	0.16
			物质遗存	2.47	A	0.23	风貌现状	2.65	0.62
							数量和规模	2.25	0.24
							位置和布局	2.05	0.14
			文化遗存	1.68	C	0.12	传统节庆	1.75	0.67
							传统技艺	1.55	0.33

判断矩阵

传统村落风貌	街巷及建筑	物质遗存	文化遗存
街巷及建筑	1	3	5
物质遗存	1/3	1	2
文化遗存	1/5	1/2	1
街巷及建筑	建筑风貌	街巷肌理格局	街巷空间风貌
建筑风貌	1	2	3
街巷肌理格局	1/2	1	2
街巷空间风貌	1/3	1/2	1
物质遗存	风貌现状	数量和规模	位置和布局
风貌现状	1	3	4
数量和规模	1/3	1	2
位置和布局	1/4	1/2	1

文化遗存	传统节庆	传统技艺
传统节庆	1	2
传统技艺	1/2	1

42-豆口村 表3-54

一级影响因子	评价结果		二级影响因子	评价结果		权重	三级影响因子	分数	权重
	分数	等级		分数	等级				
传统村落风貌	2.53	A	街巷及建筑	2.72	A	0.65	建筑风貌	2.90	0.65
							街巷肌理格局	2.45	0.23
							街巷空间风貌	2.25	0.12
			物质遗存	2.44	A	0.23	风貌现状	2.65	0.70
							数量和规模	2.05	0.19
							位置和布局	1.75	0.11
			文化遗存	1.65	C	0.12	传统节庆	1.75	0.80
							传统技艺	1.25	0.20

判断矩阵

传统村落风貌	街巷及建筑	物质遗存	文化遗存
街巷及建筑	1	3	5
物质遗存	1/3	1	2
文化遗存	1/5	1/2	1
街巷及建筑	建筑风貌	街巷肌理格局	街巷空间风貌
建筑风貌	1	3	5
街巷肌理格局	1/3	1	2
街巷空间风貌	1/5	1/2	1
物质遗存	风貌现状	数量和规模	位置和布局
风貌现状	1	4	6
数量和规模	1/4	1	2
位置和布局	1/6	1/2	1

文化遗存	传统节庆	传统技艺
传统节庆	1	4
传统技艺	1/4	1

43-恭水村   表3-55

一级影响因子	评价结果		二级影响因子	评价结果		权重	三级影响因子	分数	权重
	分数	等级		分数	等级				
传统村落风貌	2.56	A	街巷及建筑	2.75	A	0.65	建筑风貌	2.90	0.54
							街巷肌理格局	2.65	0.30
							街巷空间风貌	2.45	0.16
			物质遗存	2.47	A	0.23	风貌现状	2.65	0.62
							数量和规模	2.25	0.24
							位置和布局	2.05	0.14
			文化遗存	1.65	C	0.12	传统节庆	1.75	0.80
							传统技艺	1.25	0.20

判断矩阵

传统村落风貌	街巷及建筑	物质遗存	文化遗存
街巷及建筑	1	3	5
物质遗存	1/3	1	2
文化遗存	1/5	1/2	1
街巷及建筑	建筑风貌	街巷肌理格局	街巷空间风貌
建筑风貌	1	2	3
街巷肌理格局	1/2	1	2
街巷空间风貌	1/3	1/2	1
物质遗存	风貌现状	数量和规模	位置和布局
风貌现状	1	3	4
数量和规模	1/3	1	2
位置和布局	1/4	1/2	1

文化遗存	传统节庆	传统技艺
传统节庆	1	4
传统技艺	1/4	1

44-唐村

表3-56

一级影响因子	评价结果		二级影响因子	评价结果		权重	三级影响因子	分数	权重
	分数	等级		分数	等级				
传统村落风貌	2.53	A	街巷及建筑	2.72	A	0.65	建筑风貌	2.90	0.65
							街巷肌理格局	2.45	0.23
						—	街巷空间风貌	2.25	0.12
			物质遗存	2.44	A	0.23	风貌现状	2.65	0.70
							数量和规模	2.05	0.19
							位置和布局	1.75	0.11
			文化遗存	1.68	C	0.12	传统节庆	1.75	0.67
							传统技艺	1.55	0.33

判断矩阵

传统村落风貌	街巷及建筑	物质遗存	文化遗存
街巷及建筑	1	3	5
物质遗存	1/3	1	2
文化遗存	1/5	1/2	1
街巷及建筑	建筑风貌	街巷肌理格局	街巷空间风貌
建筑风貌	1	3	5
街巷肌理格局	1/3	1	2
街巷空间风貌	1/5	1/2	1
物质遗存	风貌现状	数量和规模	位置和布局
风貌现状	1	4	6
数量和规模	1/4	1	2
位置和布局	1/6	1/2	1

文化遗存	传统节庆	传统技艺
传统节庆	1	2
传统技艺	1/2	1

45-苇水村 表3-57

一级影响因子	评价结果		二级影响因子	评价结果		权重	三级影响因子	分数	权重
	分数	等级		分数	等级				
传统村落风貌	2.53	A	街巷及建筑	2.72	A	0.65	建筑风貌	2.90	0.65
							街巷肌理格局	2.45	0.23
							街巷空间风貌	2.25	0.12
			物质遗存	2.44	A	0.23	风貌现状	2.65	0.70
							数量和规模	2.05	0.19
							位置和布局	1.75	0.11
			文化遗存	1.65	C	0.12	传统节庆	1.75	0.80
							传统技艺	1.25	0.20

判断矩阵

传统村落风貌	街巷及建筑	物质遗存	文化遗存
街巷及建筑	1	3	5
物质遗存	1/3	1	2
文化遗存	1/5	1/2	1
街巷及建筑	建筑风貌	街巷肌理格局	街巷空间风貌
建筑风貌	1	3	5
街巷肌理格局	1/3	1	2
街巷空间风貌	1/5	1/2	1
物质遗存	风貌现状	数量和规模	位置和布局
风貌现状	1	4	6
数量和规模	1/4	1	2
位置和布局	1/6	1/2	1

文化遗存	传统节庆	传统技艺
传统节庆	1	4
传统技艺	1/4	1

46-椰树园村 表3-58

一级影响因子	评价结果		二级影响因子	评价结果		权重	三级影响因子	分数	权重
	分数	等级		分数	等级				
传统村落风貌	2.53	A	街巷及建筑	2.72	A	0.65	建筑风貌	2.90	0.65
							街巷肌理格局	2.45	0.23
							街巷空间风貌	2.25	0.12
			物质遗存	2.44	A	0.23	风貌现状	2.65	0.70
							数量和规模	2.05	0.19
							位置和布局	1.75	0.11
			文化遗存	1.65	C	0.12	传统节庆	1.75	0.80
							传统技艺	1.25	0.20

判断矩阵

传统村落风貌	街巷及建筑	物质遗存	文化遗存
街巷及建筑	1	3	5
物质遗存	1/3	1	2
文化遗存	1/5	1/2	1
街巷及建筑	建筑风貌	街巷肌理格局	街巷空间风貌
建筑风貌	1	3	5
街巷肌理格局	1/3	1	2
街巷空间风貌	1/5	1/2	1
物质遗存	风貌现状	数量和规模	位置和布局
风貌现状	1	4	6
数量和规模	1/4	1	2
位置和布局	1/6	1/2	1
文化遗存	传统节庆		传统技艺
传统节庆	1		4
传统技艺	1/4		1

47-白杨坡村 表3-59

一级影响因子	评价结果		二级影响因子	评价结果		权重	三级影响因子	分数	权重
	分数	等级		分数	等级				
传统村落风貌	2.53	A	街巷及建筑	2.72	A	0.65	建筑风貌	2.90	0.65
							街巷肌理格局	2.45	0.23
							街巷空间风貌	2.25	0.12
			物质遗存	2.44	A	0.23	风貌现状	2.65	0.70
							数量和规模	2.05	0.19
							位置和布局	1.75	0.11
			文化遗存	1.71	C	0.12	传统节庆	1.75	0.80
							传统技艺	1.55	0.20

判断矩阵

传统村落风貌	街巷及建筑	物质遗存	文化遗存
街巷及建筑	1	3	5
物质遗存	1/3	1	2
文化遗存	1/5	1/2	1
街巷及建筑	建筑风貌	街巷肌理格局	街巷空间风貌
建筑风貌	1	3	5
街巷肌理格局	1/3	1	2
街巷空间风貌	1/5	1/2	1
物质遗存	风貌现状	数量和规模	位置和布局
风貌现状	1	4	6
数量和规模	1/4	1	2
位置和布局	1/6	1/2	1
文化遗存	传统节庆		传统技艺
传统节庆	1		4
传统技艺	1/4		1

48-车当村   表3-60

一级影响因子	评价结果		二级影响因子	评价结果		权重	三级影响因子	分数	权重
	分数	等级		分数	等级				
传统村落风貌	2.53	A	街巷及建筑	2.72	A	0.65	建筑风貌	2.90	0.65
							街巷肌理格局	2.45	0.23
							街巷空间风貌	2.25	0.12
			物质遗存	2.44	A	0.23	风貌现状	2.65	0.70
							数量和规模	2.05	0.19
							位置和布局	1.75	0.11
			文化遗存	1.65	C	0.12	传统节庆	1.75	0.80
							传统技艺	1.25	0.20

判断矩阵

传统村落风貌	街巷及建筑	物质遗存	文化遗存
街巷及建筑	1	3	5
物质遗存	1/3	1	2
文化遗存	1/5	1/2	1
街巷及建筑	建筑风貌	街巷肌理格局	街巷空间风貌
建筑风貌	1	3	5
街巷肌理格局	1/3	1	2
街巷空间风貌	1/5	1/2	1
物质遗存	风貌现状	数量和规模	位置和布局
风貌现状	1	4	6
数量和规模	1/4	1	2
位置和布局	1/6	1/2	1

文化遗存	传统节庆	传统技艺
传统节庆	1	4
传统技艺	1/4	1

49-黄花村 表3-61

一级影响因子	评价结果		二级影响因子	评价结果		权重	三级影响因子	分数	权重
	分数	等级		分数	等级				
传统村落风貌	2.56	A	街巷及建筑	2.75	A	0.65	建筑风貌	2.90	0.54
							街巷肌理格局	2.65	0.30
							街巷空间风貌	2.45	0.16
			物质遗存	2.47	A	0.23	风貌现状	2.65	0.62
							数量和规模	2.25	0.24
							位置和布局	2.05	0.14
			文化遗存	1.71	C	0.12	传统节庆	1.75	0.80
							传统技艺	1.55	0.20

判断矩阵

传统村落风貌	街巷及建筑	物质遗存	文化遗存
街巷及建筑	1	3	5
物质遗存	1/3	1	2
文化遗存	1/5	1/2	1
街巷及建筑	建筑风貌	街巷肌理格局	街巷空间风貌
建筑风貌	1	2	3
街巷肌理格局	1/2	1	2
街巷空间风貌	1/3	1/2	1
物质遗存	风貌现状	数量和规模	位置和布局
风貌现状	1	3	4
数量和规模	1/3	1	2
位置和布局	1/4	1/2	1
文化遗存	传统节庆		传统技艺
传统节庆	1		4
传统技艺	1/4		1

50-豆峪村   表3-62

一级影响因子	评价结果		二级影响因子	评价结果		权重	三级影响因子	分数	权重
	分数	等级		分数	等级				
传统村落风貌	2.56	A	街巷及建筑	2.75	A	0.65	建筑风貌	2.90	0.54
							街巷肌理格局	2.65	0.30
							街巷空间风貌	2.45	0.16
			物质遗存	2.47	A	0.23	风貌现状	2.65	0.62
							数量和规模	2.25	0.24
							位置和布局	2.05	0.14
			文化遗存	1.68	C	0.12	传统节庆	1.75	0.67
							传统技艺	1.55	0.33

判断矩阵

传统村落风貌	街巷及建筑	物质遗存	文化遗存
街巷及建筑	1	3	5
物质遗存	1/3	1	2
文化遗存	1/5	1/2	1
街巷及建筑	建筑风貌	街巷肌理格局	街巷空间风貌
建筑风貌	1	2	3
街巷肌理格局	1/2	1	2
街巷空间风貌	1/3	1/2	1
物质遗存	风貌现状	数量和规模	位置和布局
风貌现状	1	3	4
数量和规模	1/3	1	2
位置和布局	1/4	1/2	1

文化遗存	传统节庆	传统技艺
传统节庆	1	2
传统技艺	1/2	1

第 4 章

基于空间质量评价的传统
村落聚落空间分析

4.1
空间质量评价标准

利用无人机航拍及现场实地调研的照片，对传统村落的街巷材质风貌、街巷空间完整度、建筑质量、建筑材质风貌等四项指标进行图片分析评价。评分以好（2分）、中（1分）、差（0分）进行分级。黑色为好，灰色为中等，浅灰色为差（图4-1）。

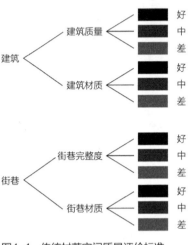

图4-1 传统村落空间质量评价标准

4.2
传统村落聚落空间质量评价

1. 南庄村

南庄村位于东经112.54°，北纬35.43°，海拔650m，村庄占地面积120亩。村庄形成于清代，位于太行山段南侧，属于典型丘陵山地村庄，村庄坐落阳坡，背西靠卧龙山，坐落皇城里碣下，南依八路山（小人山），北有笔架山，脚登浊漳河，东望（东）王帽山，从风水学的角度上来说，村庄属于环山抱水、负阴抱阳的山水福地。村庄内以龙王庙、奶奶庙、关帝庙为核心公共空间，建筑沿等高线带状分布（图4-2）。

传统村落建筑质量普遍较高，建筑保存较为良好，且街巷肌理完整，但是街巷已经过翻修，多为水泥路。街巷材质黑色为2分、灰色为1分、浅灰色为0分，南庄村整体评分相对较低，以水泥路为主。街巷完整度黑色为2分、灰色为1分、浅灰色为0分，由深色到浅色街巷完整度逐渐降低，南庄村街巷完整度相对较高。建筑材质整体相对较高，黑色为2分、灰色为1分、浅灰色为0分，传统建筑组团部分分数相对较高，建筑材质也较好。建筑质量由深色到浅色建筑质量逐渐变低，南庄村建筑质量普遍较高，建筑保存较为良好（图4-3）。

图4-2　南庄村鸟瞰

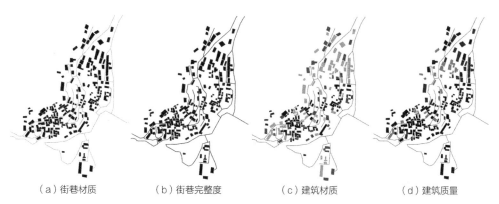

（a）街巷材质　　　　（b）街巷完整度　　　　（c）建筑材质　　　　（d）建筑质量

图4-3　南庄村空间质量评价

2. 豆口村

豆口村位于太行山腹地的峡谷风景带，背山面水，素有"横漳水而带行山，枕龙门而控凤壁"的美誉。据《豆口村志》记载，豆口村始建于南北朝时期，至今已有1500多年的历史。村内保存有规模庞大的明清民居，以木构、砖墙为主，院内为青砖铺地，并栽植石榴树，小院外的通行巷道皆以石板、石块铺砌，巷道不宽，可通行驴车。古豆口村修筑在东、南、北五券之内，其中南有两券。"券"类似于城门的石砌进出通道。村子原有圣源王庙、观音庙、关爷庙等14座庙宇和名为水峪寺的1座寺院，其他堂、径、关等古迹遗址随处可见（图4-4）。其中圣源王庙建筑规模庞大，十八级青石台阶直通山门，拜殿面阔三间，殿宇对面是一座三开间的戏楼，庙楼、戏台主体仍有留存。观音堂的始建年代约为元代，尚存古堂、古柏、古碑、古钟。

村落肌理完整，组团明显，且建筑遗存较好，但是街巷已经过翻修，多为水泥路。街巷材质黑色为2分、灰色为1分、浅灰色为0分，豆口村整体评分相对较低，以水泥路

图4-4 豆口村鸟瞰

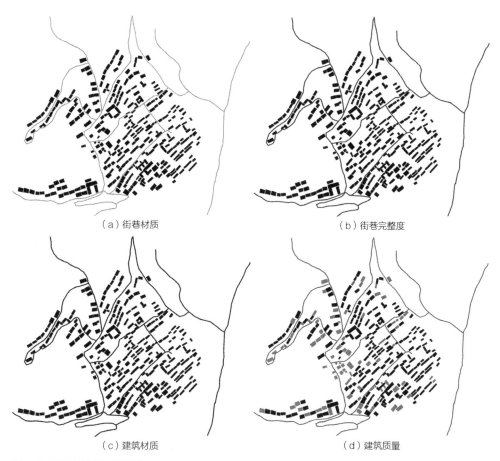

（a）街巷材质 （b）街巷完整度

（c）建筑材质 （d）建筑质量

图4-5 豆口村空间质量评价

为主。街巷完整度黑色为2分、灰色为1分、浅灰色为0分，由深色到浅色街巷完整度逐渐降低，豆口村街巷完整度相对较高。建筑材质整体相对较高，黑色为2分、灰色为1分、浅灰色为0分，村落肌理完整，组团明显，中心部分建筑材质相对较好。建筑质量由深色到浅色，表明建筑质量逐渐变低，豆口村建筑质量普遍较高，建筑遗存较好（图4-5）。

3．东庄村

东庄村地处晋、冀、豫三省交界之地，位于东经113°，北纬36°，海拔556m，村庄占地面积13.34hm²。村庄形成于元代以前，北依太行山大脉张翰岭余脉金刚顶、卧牛

山，前临浊漳河。属温带大陆性气候，地质地貌为山地河谷。村庄街巷分明，有主街
四条与巷道相互贯通，晋阳古道穿村而过，整个村落呈棋盘形布局，具有典型逐水而
居的特点。村域范围内有山神庙、伏羲庙、灵官殿、进士墓、牛王庙、五道爷庙、龙
王殿、歇马殿、吕祖庙、土地庙、观音堂、真武阁、关爷庙、佛爷庙、河神庙等古迹
（图4-6）。

　　传统村落风貌较好，具有较好的建筑质量，街巷同样翻修，多为水泥路。街
巷材质黑色为2分、灰色为1分、浅灰色为0分，东庄村整体评分相对较低，以水泥
路为主。街巷完整度黑色为2分、灰色为1分、浅灰色为0分，由黑色到灰色街巷
完整度逐渐降低，东庄村街巷完整度相对较高。建筑材质整体相对较高，黑色为
2分、灰色为1分、浅灰色为0分，村落肌理完整，组团明显，传统村落风貌较好。
由黑色到灰色建筑质量逐渐变低，东庄村建筑质量普遍较高，具有较好的建筑质量
（图4-7）。

图4-6　东庄村鸟瞰

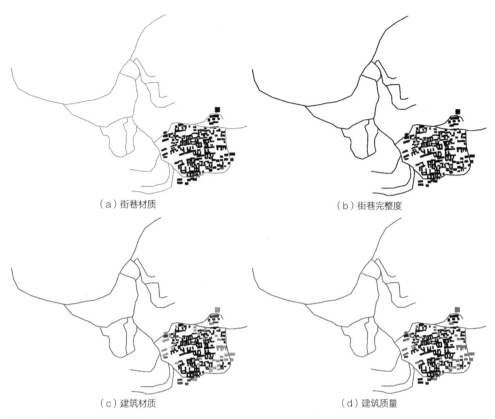

（a）街巷材质   （b）街巷完整度

（c）建筑材质   （d）建筑质量

图4-7　东庄村空间质量评价

4. 上马村

上马村地处太行山南端晋、冀、豫三省交界处，位于东经113°，北纬36°，海拔560~1162m，村庄占地面积112亩。村落山环水绕，处在浊漳河北岸高山峻岭中，村庄坐落于甘林公路北侧的河谷西岸，坐西南朝东北。背靠王帽山，脚蹬浊漳河，西望"王盈"山，正对"八臣朝阁"山，东朝纱帽山，东北过马塔隘进入河南，山环水绕，地势险要；享有"山下村寨，崖上人家"的美誉。村后山山挺拔，峰峰竞秀；村前山坡陡峭，漳河环绕；村中古木参天，屋舍俨然，是一处大山悬崖上难攻易守的军事要地（图4-8）。

村庄形成于唐代末期，明代时初具规模。主要历史文化遗存有：庙宇建筑，如山神庙、五道庙、金华殿、文殊阁、观音堂、关帝庙、文昌阁、玉皇庙、送子观音殿、关帝殿、真武帝并花果圣母殿；公共建筑，如水渠、水池、石岸

图4-8 上马村鸟瞰

石梯、石头街巷、古水井、古炮台；民居建筑，如王玉行三进大院、岳旭红大院、岳发定大院、张家大院、岳刚要大院、岳国民大院、岳有来窑洞院，以及古树址、古道、古寺庙遗址、古巷、古关隘、古树等。是集山势、岩洞、奇石、林坡、老树、古道、石坝、石岸、石头街、石头巷、泉水渠流等自然景观于一体的传统村落。

传统村落建筑集中，中部建筑质量与材质等保留较好，街巷同样翻修，多为水泥路，仅部分路保留原有材质。街巷材质黑色为2分、灰色为1分、浅灰色为0分，上马村整体评分相对较低，以水泥路为主。街巷完整度黑色为2分、灰色为1分、浅灰色为0分，由黑色到灰色街巷完整度逐渐降低，上马村街巷完整度相对较高。建筑材质整体相对较高，黑色为2分、灰色为1分、浅灰色为0分，上马村传统村落建筑集中，中心部分建筑材质良好。由黑色到灰色建筑质量逐渐变低，中部建筑质量与材质等保留较好（图4-9）。

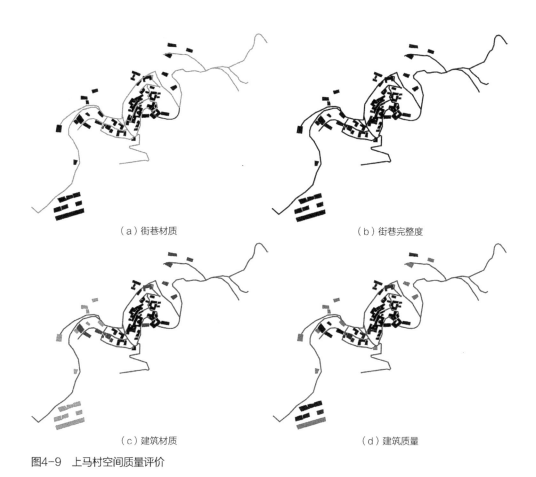

（a）街巷材质

（b）街巷完整度

（c）建筑材质

（d）建筑质量

图4-9 上马村空间质量评价

5．牛岭村

牛岭村位于晋、冀、豫三省交界处，海拔540m，村落占地面积3634亩。整个村庄位于浊漳河南岸的盖垴岭上，南北绵延约1000m，为不规则狭长三角形，呈凤凰状。村庄形成于明代末期，以砖木、土木结构的庙宇建筑、明清古民居以及古井、古树等历史文化遗产为主。其中古民居集中在中部地区，以清代民居为多，或土木结合四梁八柱悬山顶，或青砖灰瓦四合院，能方则方，尽量规整，坐北朝南，主房为尊，依山就势，垫低整平（图4-10）。

村落形态成组成团，传统建筑集中分布，建筑保存较好，但是街巷已经过翻修，多为水泥路。街巷材质黑色为2分、灰色为1分、浅灰色为0分，牛岭村整体评分相对较低，以水泥路为主。街巷完整度黑色为2分、灰色为1分、浅灰色为0分，由黑色到灰色街巷完整度逐渐降低，牛岭村街巷完整度相对较高。建筑材质整体相对较高，黑色为2分、灰色为1分、浅灰色为0分，牛岭村村落形态成组成团，传统建筑集中分布，建筑材质有好有坏。由黑色到灰色建筑质量逐渐变低，牛岭村建筑保存较好（图4-11）。

图4-10 牛岭村鸟瞰

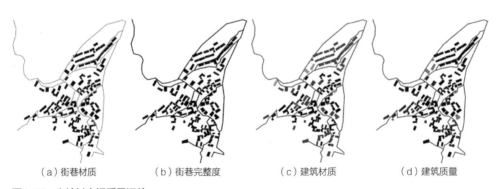

（a）街巷材质　　　（b）街巷完整度　　　（c）建筑材质　　　（d）建筑质量

图4-11 牛岭村空间质量评价

6. 恭水村

恭水村位于太行山南麓的山西省平顺县北部河谷浊漳河南岸的石榴山下，属平顺县石城镇，距平顺县城75km，位于东经113°，北纬35°，海拔925m，村庄占地面积270亩，长方形布局。属温带大陆性气候，年平均气温15℃，日照充足，四季分明。地质呈古生界奥陶系，因位于辛安泉域区，地下水源丰富。

恭水村是典型的家族性村落，清朝初年，遮峪村的张姓人家在恭水村村落所在地耕种山地，常常在地里一住数天，后来为了耕种方便，张家人就迁居到了恭水村开始建村。恭水村邻山而建，靠山面沟，村东石榴山、酒篓山并立，上凹岭、南垴岭南北伸展，凤凰碣突兀于石榴山、酒篓山下，三道清泉分列凤凰碣左右，聚祥凝瑞，是一处风水学上的吉地。村庄周围群山拱卫，松柏凝翠，清泉盈盈（图4-12）。植被主要有松树、柏树、桐树、槐树、杏树、楸树、枣树、柿树、榆树、桑树、杨树、花椒树和灌木。动物有獾、狐、兔、猪、牛、鸡、蛙等，历史上主要灾害为旱灾。

图4-12　恭水村鸟瞰

村落因坐落地山形如"恭"字得名，街道纵横交叉，住宅院落屋脊掩映，错落有序。村庄以下院街、上凹街、磨鎏街、南井街为主线，其他街衢巷道呈网状排列，连通全村。街巷布局有序，建筑古老沧桑。村落中现存的文物建筑有观音堂、关帝庙、文昌庙、古更房、痘疹奶奶庙等，观音堂创修年代不详，现存为明清遗构；关帝庙创建年代见有分别记载雍正十三年（1735年）、乾隆二年（1737年）、宣统三年（1911年）创修、重修等碑记；其余文昌阁、痘疹奶奶庙也为明清遗构。过去痘疹奶奶庙、龙王庙香火鼎盛，盛况空前。现观音堂仍有祭祀，保存状况良好。

村落整体风貌协调，建筑质量普遍较高，街巷同样翻修，多为水泥路，仅部分路保留原有材质。街巷材质黑色为2分、灰色为1分、浅灰色为0分，恭水村整体评分相对较低，以水泥路为主。街巷完整度黑色为2分、灰色为1分、浅灰色为0分，由黑色到灰色街巷完整度逐渐降低，恭水村街巷完整度相对较高。建筑材质整体相对较高，黑色为2分、灰色为1分、浅灰色为0分，恭水村村落整体风貌协调，建筑材质保存较为完整。由黑色到灰色建筑质量逐渐变低，恭水村建筑质量普遍较高（图4-13）。

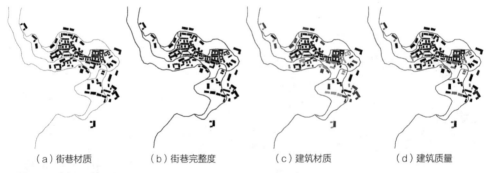

（a）街巷材质　　　　（b）街巷完整度　　　　（c）建筑材质　　　　（d）建筑质量

图4-13　恭水村空间质量评价

7. 遮峪村

遮峪村位于石城镇政府东南18km处，浊漳河南岸。北邻恭水村，西连白杨坡村，南接虹梯关乡，东与河南林州搭界。辖铁墁石、椒树旮旯、东上井3个自然庄，国土面积15074亩。村子东边有一条晋阳古道，古时这里是出豫入晋之咽喉，古道山口叫"隘峪口"，沟通了三省之间的经贸往来。后来这里雨水充沛，苗木茂盛，数年后绿树成荫，遮天盖地，站在山头也看不到路口和村庄，人们触景生情，将"隘峪

图4-14 遮峪村鸟瞰

口"改为"遮峪口",村庄以此得名(图4-14)。

遮峪村历史悠久,文物古迹众多,有庙宇4座。雪花龙王庙:为清代遗构。正殿建于高0.14m的石质台基上,面宽三间,进深四椽,五檩式构架,单檐硬山顶,灰板瓦屋面,为小式建筑无斗栱。三圣寺:中轴线由南向北依次为南殿、正殿,两侧遗有东、西配殿。南殿东侧为掖门,西侧为耳殿。正殿和南殿前廊保存清代重修碑6通,分别记载了康熙四十五年(1706年)、嘉庆二十年(1815年)、宣统三年(1911年)对该寺进行重修的经过。龙王庙:始建于明代,位于村西。坐北朝南,一进院落布局,东西17.2m、南北29m,占地面积499m²。现存建筑为清代遗构。遗存戏台、正殿,两侧分布有东西厢房,院东侧辟山门。郭宅宗庙:遮峪村以郭姓为主,郭宅宗庙是当年为了议事和怀念先祖而建。创建年代不详,现存建筑为清代遗构。宗庙面宽五间、进深四椽,五檩前廊式构架,单檐硬山顶,灰布板瓦屋面。柱头科一斗升交麻叶头,平身科每间一攒,阑额雕刻精美,明间设对开板门,次、稍间设直棂窗。屋内墙壁保存壁画40m²,内容主要以人物为主,以教育子孙后代尽孝行善为题材。

村落形态具有特色，但部分建筑已经历翻修，建筑质量相对较高，街巷同样已翻修，多为水泥路，仅部分路保留原有材质。街巷材质黑色为2分、灰色为1分、浅灰色为0分，遮峪村整体评分相对较低，以水泥路为主。街巷完整度黑色为2分、灰色为1分、浅灰色为0分，由黑色到灰色街巷完整度逐渐降低，遮峪村街巷完整度相对较高。建筑材质整体相对较高，黑色为2分、灰色为1分、浅灰色为0分，遮峪村村落形态具有特色，但部分建筑已经历翻修。由黑色到灰色建筑质量逐渐变低，遮峪村建筑质量相对较高（图4-15）。

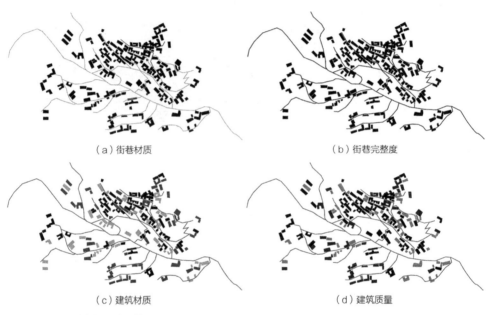

（a）街巷材质　　　　　　　　　　　　　（b）街巷完整度

（c）建筑材质　　　　　　　　　　　　　（d）建筑质量

图4-15　遮峪村空间质量评价

8. 苇水村

苇水村位于浊漳河南岸的高山峻岭中，属平顺县石城镇，位于太行水乡的最东段。与国家级传统村落黄花、蟒岩、东庄、豆峪、岳家寨、白杨坡、上马、奥治等村形成太行水乡一线两岸传统村落群，"人间天河"红旗渠环绕村东北，是晋豫山脉交会处的古山庄，为晋豫古道翻越太行山的必经之地。村庄坐东北朝西南，背靠九龙山，背风朝阳，面对浊漳河及河对岸的卧牛山、张翰岭，山环水绕，地势险要。西望村口关帝庙，东傍大脑山、小脑山，南接国家传统村落东庄和白杨坡。一股清澈的溪水从村东、北山坳崖底泉眼喷出，经村庄注入古井，又从古井溢出，流进大小池塘，给古老的山村注入活力。村周山峰竞秀；村前沟坡道路盘曲，村后山坡松柏茂盛；村中古木参天，屋舍俨然，是一处原生态的古村落。村落选址充分考虑了地形地理环境特点，选择在九条龙形山脉环抱的沟坡，避开来自东、西、南三面的雨季洪水。

从浊漳河北岸望去，苇水村悬挂在九龙山的半山腰，层层石岸上建着层层民居，屋顶一色青瓦，村中树木荫翳，溪水潺潺，青石阶将几十座院落串起。龙王庙是村落的中心，整个村庄仍然保留着原生态的古村风貌。苇水村是清代前形成的古老村庄，街道主次分明、纵横交叉，由东西、东南主街道和石头阶梯贯通了两旁大大小小的巷子，连接起各家各户的路径，就像祖先书写在村庄的"凤"字。苇水村石头建筑技艺几百年来世代传承，就地取材，使用当地石质坚硬的紫石垒砌。上上下下的石阶小径，宛如字的点画曲笔。主街将各大院的高低楼房、大小石窑连结为一线，古朴的村庄像坐在一把老式交椅上。街道上下，高高低低坐落着几十座古院落，深宅老房，青石土坯砌墙，灰瓦片石苫顶，屋脊掩映、错落有序（图4-16）。

图4-16　苇水村鸟瞰

　　苇水村玉皇庙院外西侧存清代重修碑5通，分别记载了清康熙二十六年（1687年）、清嘉庆二十二年（1817年）、清道光二十二年（1842年）、清光绪二十二年（1896年）等时期对庙进行重修的经过和捐资人姓名。观音堂有清嘉庆二十五年（1820年）重修观音堂碑，关帝庙、五道庙创建年代不详。九龙泉亭有康熙二十年（1681年）重修九龙泉碑记、同治九年（1870年）九龙泉碑记。这些碑刻与村庄的历史沿革和村民的命运变迁紧紧连在一起。众多碑刻标明了村庄延续发展的脉络，是晋、豫、冀交会融合、商贸往来的佐证，是山关边地演变的翔实史料，颇有价值。除五道庙外，其他庙宇保护完好。

　　村落沿路发展，村庄聚落较小，但建筑遗存保留较好，街巷同样翻修，多为水泥路，仅部分路保留原有材质。街巷材质黑色为2分、灰色为1分、浅灰色为0分，苇水村整体评分相对较低，以水泥路为主。街巷完整度黑色为2分、灰色为1分、浅灰色为0分，由黑色到灰色街巷完整度逐渐降低，苇水村街巷完整度相对较高。建筑材质整体相对较高，黑色为2分、灰色为1分、浅灰色为0分，苇水村村落沿路发展，村庄聚落较小，整体用材较一般。由黑色到灰色建筑质量逐渐变低，建筑遗存保留较好（图4-17）。

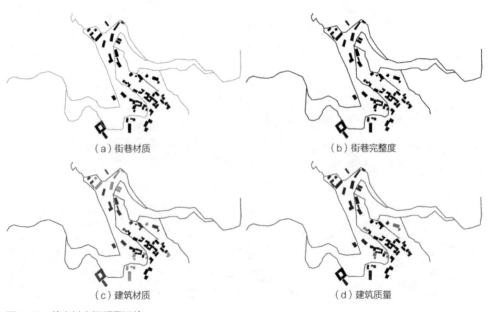

（a）街巷材质　　　　　　　　　　　（b）街巷完整度

（c）建筑材质　　　　　　　　　　　（d）建筑质量

图4-17　苇水村空间质量评价

9. 白杨坡村

白杨坡村位于浊漳河南岸，隶属于石城镇，闻名于世的"人工天河"红旗渠从村庄北面穿过。位于东经113°，北纬36°，海拔620～1100m，村庄占地面积480亩。村庄地处山谷洼地，四面青山围绕，东有漫岭山和大岭，西邻上垴山和油坊岭，南望驼岭山和岭山，北有轿顶山，北距浊漳河500m。

村名原为"柏杨寺"，寺院建在井则凹。村北关帝庙碑记：寺庙西侧为水池，北侧为深沟，沟旁为村路，路东西两侧有两个狮子模样的石头，有两片地叫"东平头""西平头"。过去建寺选在两个"头"，遗憾的是寺院早已被洪水冲毁，只有部分瓦片和条石遗存，狮子石头和两片地保存完整。古村整体风貌保存较为完整，街巷体系完整，传统公共设施利用率较高，至今仍保留大量传统文化遗存，如关帝庙、土地庙等。村中主要传统建筑的分布较集中，院落结构保留完整。建筑结构为土木结构，墙基采用块石叠砌，上用夯土砖作为主要砌筑材料。屋面瓦片均采用单片仰瓦，少数建筑用石片作为屋面材料。墙体外立面均匀抹上黄泥面层用以防水（图4-18）。

图4-18　白杨坡村鸟瞰

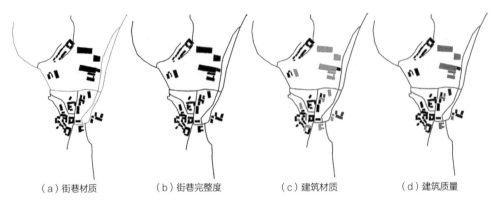

（a）街巷材质　　　　　（b）街巷完整度　　　　　（c）建筑材质　　　　　（d）建筑质量

图4-19　白杨坡村空间质量评价

传统村落分布紧凑，建筑质量相对较好，整体风貌保存较为完整，街巷同样翻修，多为水泥路，仅部分路保留原有材质。街巷材质黑色为2分、灰色为1分、浅灰色为0分，白杨坡村整体评分相对较低，以水泥路为主。街巷完整度黑色为2分、灰色为1分、浅灰色为0分，由黑色到灰色街巷完整度逐渐降低，白杨坡村街巷完整度相对普通。建筑材质整体相对较高，黑色为2分、灰色为1分、浅灰色为0分，白杨坡村传统村落分布紧凑，建筑质量相对较好，整体风貌保存较为完整，整体用材相较一般。由黑色到灰色建筑质量逐渐变低，白杨坡村整体建筑质量相对较好（图4-19）。

10．黄花村

黄花村位于太行山脉浊漳河支流黄花沟内的山谷之中，位于两省三县的交界地带，曾是古代东出太行的一条古道，位于东经113°，北纬36°，海拔825m，村庄占地面积200亩。

村庄被一条季节河从中心横隔为南北两个区域，中间以石桥相连，村庄以关帝庙和奶奶庙为中心向四周扩展，主要街道纵横交叉，传统民宅依山傍水，层层而建、错落有序，格局肌理保存基本完整。村庄四周群山环抱，环境优美，西南为轿顶山，南面为双耳山，东面为老板山，北面为老佛爷山，西面为小王盍，五座山头将村庄合围，似"五福捧寿"图案，整体布局依河谷走势呈"人"字形，建筑错落有序，曾有用石块砌成的清代围墙，但因年代久远多被破坏，仅留两座门址和部分围墙。一座门址上还留有"为善最乐"的牌匾（图4-20）。

图4-20　黄花村鸟瞰

　　建筑屋顶为小灰瓦，墙体主要用石头并有木柱支撑，分为2层，一层住人，二层作为粮仓。院落多为四合院、三合院的形式。特别是奶奶庙南侧的张家大院，建于明末清初年代，至今保存完整。全部传统建筑占村庄建筑总面积的比例约为50%，元代奶奶庙50m²，明代龙王庙400m²，清代关爷庙260m²，清代山神庙15000m²。村庄街道为石板街，分布有石磨、石碾、石狮子、神龛、古桥1座、古河道2条、古井3口、古树1棵、古碑10通等。

　　关爷庙位于黄花村南，坐西朝东，南北7.65m、东西12.38m，占地面积94.71m²。创建年代不详，现存建筑为清代晚期遗构。关爷庙建于高1m的石质台基之上，面宽五间、进深四椽，五檩前廊式构架，单檐硬山顶，灰布筒板瓦屋面，柱头科一翘三踩单下昂，平身科每间一攒。

　　奶奶庙为元代建筑，位于黄花村南，坐东朝西，南北4.04m、东西8.29m，占地面积33.5m²。创建年代不详，现存建筑为元代遗构。奶奶庙建于高0.61m石质台基上，面阔一间、进深四椽，四椽栿通檐用二柱，单檐悬山，灰布筒板瓦屋面。

　　三教堂遗址位于黄花村高耳山的西北侧台地上，坐北朝南，南北7.45m、东西
5.65m，占地面积42m²。仅存重修碑1通。碑青石质，圆首方座，通高1.82m，碑高
1.58m，宽0.6m、厚0.25m，碑文楷书，共12行，满行29字。

　　该村落整体风貌较协调，具有良好的建筑质量，但是街巷已经过翻修，多为水泥
路。街巷材质黑色为2分、灰色为1分、浅灰色为0分，黄花村整体评分相对较低，以
水泥路为主。街巷完整度黑色为2分、灰色为1分、浅灰色为0分，由黑色到灰色街巷
完整度逐渐降低，黄花村街巷完整度相对较高。黄花村建筑材质整体相对较高，黑色
为2分、灰色为1分、浅灰色为0分，村落整体风貌相较协调。由黑色到灰色建筑质量
逐渐变低，黄花村具有良好的建筑质量（图4-21）。

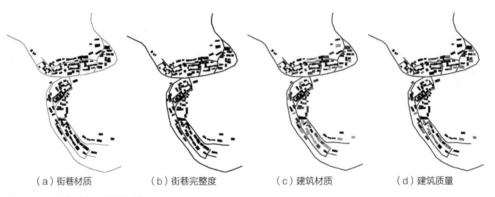

（a）街巷材质　　　　（b）街巷完整度　　　　（c）建筑材质　　　　（d）建筑质量

图4-21　黄花村空间质量评价

11. 流吉村

　　流吉村地处太行山腹地浊漳河北岸的黄花沟内，位于东经113°，北纬36°，海拔
855m，村庄占地面积20亩。流吉村坐西北朝东南，背靠庵山，面对泉峧前窊，山环
水绕，地势险要。西望村口龙王庙，东连老沟、洞窊、柳树南峧、大小谷峧、大壑
山、天坛垴、虎头山、京洼。村南岸背靠东西堂洼，由东而西，分别是东洼、西洼、
小前洼、大前洼。村后正沟风景如画，还有苍龙洞、白龙洞。因泉水中矿物质浸蚀而
形成的多姿多彩的岩溶地貌是流吉村的一道独特景观。两股清澈的溪水从庵则沟、正
沟坳崖底泉眼涌出，经庵则沟、老沟、东西堂窊、大小前窊，从村中流过。民居以河
沟为界，分南北两片，依山就势层层而建，村中古木参天，屋舍俨然。

　　流吉村形成于明代前，街道主次分明，纵横交叉，由南北主街道和石头拱桥贯通了两旁的巷子，连接起长短的石梯，汇集于村西的平台，就像祖先书写在村庄的"廿"字。上下的石阶，宛如字的点画曲笔。南北街将各大院的高低楼房、大小石窑、几十座古院落连为一线、深宅老房、石垣土墙，屋脊掩映、错落有序。最初杜姓先人选择在河沟相对平缓的南坡定居，有比较开阔的建设用地；后在通风向阳的北坡建房。慢慢地，村落依山就势、筑岸就平，层层的建筑屋顶覆一色青瓦，"之"字形石阶将几十座院落串起，形成了现在错落有致的小山村（图4-22）。

　　流吉村文物古迹有清泉庵。清泉庵创建年代不详，现庙宇坍塌，仅存明万历乙未年（1595年）、清乾隆十五年（1750年）、民国五年（1916年）三通重修石碑和一通经幢。现存建筑为清代遗构。 观音堂位于石城镇流吉村口一座一丈多高的青石台上，原殿在20世纪70年代被烧毁，现仅存主殿，创建年代不详，现存为清代遗构。香亭有大明国嘉靖己酉二十八年（1549年）记载。药王庙为清光绪八年（1882年）九月吉日创建。山神庙创建年代不详。龙王庙创建年代不详，现存建筑

图4-22　流吉村鸟瞰

为清代遗构。清泉庵地处安洼，有安洼驱蛇的故事。除清泉庵外，其他庙宇保护
完好。

村落传统建筑分布集中，建筑保存质量较好，但是街巷已经过翻修，多为水泥
路。街巷材质黑色为2分、灰色为1分、浅灰色为0分，流吉村整体评分相对较低，以
水泥路为主。街巷完整度黑色为2分、灰色为1分、浅灰色为0分，由黑色到灰色街巷
完整度逐渐降低，流吉村街巷完整度相对普通。流吉村村落传统建筑分布集中，建筑
材料用材相较简单，黑色为2分、灰色为1分、浅灰色为0分，但建筑风貌整体协调。
由黑色到灰色建筑质量逐渐变低，建筑保存质量较好（图4-23）。

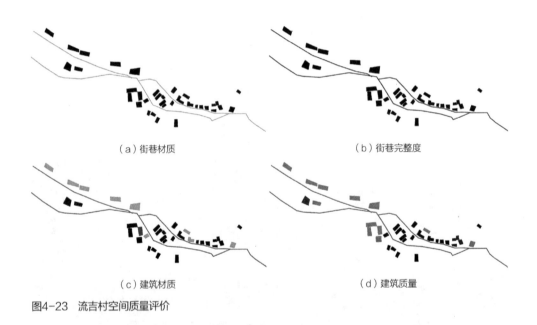

（a）街巷材质　　　　　　　　　　　　　　（b）街巷完整度

（c）建筑材质　　　　　　　　　　　　　　（d）建筑质量

图4-23　流吉村空间质量评价

12. 蟒岩村

蟒岩村地处山西省太行山脉南端，坐落于山坡上的两个山坳中，北侧为轿顶山、
王帽山，南侧为笔架山、乳头山，西侧为疙瘩山，环境自然优美，山丘绵延起伏，是
元代迁徙时形成的。属长治市平顺县石城镇管辖。

传统建筑呈梯状分布，独具特色，多为层层堆砌而成的石屋、石窑洞、石院墙，
小巷的路面铺石块、石板条。传统民居依山势而建，集中成片，街巷随山势形成自然

图4-24　蟒岩村鸟瞰

格局，由庙、窑洞、宅、仓等各类古建筑组成蟒岩古建筑群。通过蟒岩村地图，可以清晰地看见"断根水系—传统建筑群—小河流—黄花沟"的传统空间格局。以五龙爷庙为中心的宗教文化中心在村东面分布（图4-24）。清朝中期居住在洼上的山洞里的胡家洼，清末迁至黄花村，现在村落已废弃，留下了石岩、石臼等遗迹；清朝中期迁居而来的耿家和岳家，从东庄村落脚到此，繁衍生息，至今留有房屋遗迹及石臼、石磙等加工器具遗迹，油坊岩遗迹后改为油坊。

　　建筑顺应山势，建筑质量较高，但是街巷已经过翻修，多为水泥路，仅部分路保留原有材质。街巷材质黑色为2分、灰色为1分、浅灰色为0分，蟒岩村整体评分相对较低，以水泥路为主。街巷完整度黑色为2分、灰色为1分、浅灰色为0分，由黑色到灰色街巷完整度逐渐降低，蟒岩村街巷完整度相对较高。建筑材质整体相对较高，黑色为2分、灰色为1分、浅灰色为0分，蟒岩村村落整体风貌协调，建筑材质保存较为完整。由黑色到灰色建筑质量逐渐变低，蟒岩村传统院落保护相对较好，建筑顺应山势，建筑质量较高（图4-25）。

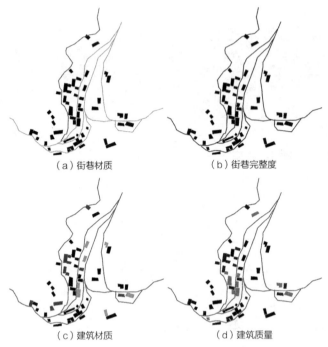

（a）街巷材质   （b）街巷完整度

（c）建筑材质   （d）建筑质量

图4-25　蟒岩村空间质量评价

13．青草凹村

　　青草凹村地处浊漳河南岸，古晋阳大道商贸往来翻越太行山的关隘要冲，距石城镇4km。位于东经113°，北纬36°，海拔601m，村庄占地面积243亩。村落依山就势建在半山坡上，坐西北朝东南，村上是高耸巍峨的龙天垴，村下是滚滚东流的浊漳河，著名的红旗渠从村下的山岩上绕山而过。背山面水，龙天脑伸出的庙碣岭和高碣岭把村庄合抱在怀中，背风向阳。青草凹村北邻崔家庄，南邻老申峧，东与豆口村、石城村隔河相望，西以龙天脑山脊与阳高乡侯壁村为界。南北长，东西窄，整个村庄呈带状分布（图4-26）。青草凹村的历史可以上溯到隋唐时期。村内龙王庙创建于明代，有康熙三十五年（1696年）重修龙王庙碑、大清乾隆庚午年（1750年）重修龙王庙碑两通。观音堂创修于明万历四年（1576年），康熙元年（1662年）观音堂进行重修。春秋阁创建年代不详，有清咸丰三年四月十六日的捐款碑。

　　村落保存有古代防御性组合建筑古寨门、古寨堡和古关隘。券洞寨门，砂石垒砌，两边是两米多高的紫砂石围墙。寨堡下是通道，两面设门，上有碉楼，开窗可作

图4-26　青草凹村鸟瞰

瞭望，堡外是下坡的台阶。石券是古晋阳官道的隘口，全部为青石垒砌，地面为条石
铺砌。券洞有着罕见的三个出口，呈"丁"字形。东西方向是官道出入口，南口通向
寨门。出寨堡，再下台阶，与寨堡相距百米左右的坡底，有一座古关隘，前面一株白
皮松，上面建有一座春秋阁。春秋阁也叫三官殿，它像一座城楼，坐落在一座高高的
石券上。阁楼本身是一座三间大殿，长10m、宽9m，构造和雕饰就是常见的古建筑
的模样，创建年代不详，清代有重修。

　　古民居院落依山就势，顺坡而建，大致有前房后窑、有下窑上房，还有上下楼反
向倒座等形式，以四合院居多，有一进院、二进院、三进院。屋顶青瓦覆盖，街巷之
间有青石阶相连。张、岳、史民居分成三大片，凤鸣阁是清代儒生史书在嘉庆道光年
间所建。院落一进三院前后贯通，共有房屋28间，门门相对，俗称"九门相照院"。

　　建筑结合地形分布，质量普遍较高，街道主次分明，纵横交叉，多为水泥路。街
巷材质黑色为2分、灰色为1分、浅灰色为0分，青草凹村整体评分相对较低，以水泥
路为主。街巷完整度黑色为2分、灰色为1分、浅灰色为0分，由黑色到灰色街巷完整

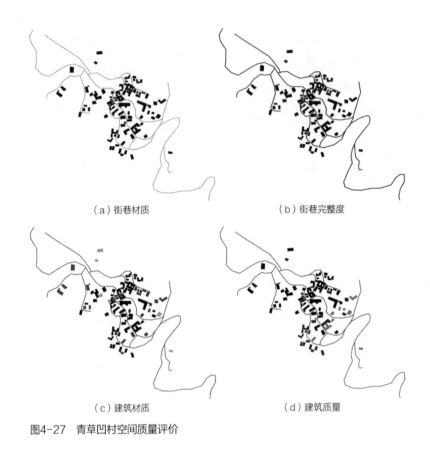

（a）街巷材质　　　　　　　　（b）街巷完整度

（c）建筑材质　　　　　　　　（d）建筑质量

图4-27　青草凹村空间质量评价

度逐渐降低，青草凹村街巷完整度相对较高。青草凹村建筑材料用材丰富，黑色为2分、灰色为1分、浅灰色为0分，青草凹村传统建筑用材较好。由黑色到灰色建筑质量逐渐变低，青草凹村建筑结合地形分布，质量普遍较高（图4-27）。

14. 老申峧村

老申峧村为平顺县石城镇下辖村，位于太行山老马岭之支脉西垴山下，浊漳河的南岸5km处，村域范围内山体呈东南—西北走向，南高北低，分为东西两面坡，以东山和西山为主，东山分为东岭和东脑，主峰是大寨；西山分别是龙天垴、西垴、盎缨山。属于喀斯特地貌，沟壑、溶洞、地下泉较多。

村落依山而建，集中布局。坐北朝南，枕山面水，有80多座传统民居，建筑风格多样，既有石屋土窑，也有四合院，保存完整的清代四合院就有16座。主要街巷有大街、上地街、岳家街、三亩场街，街巷皆与当中街相连，形成"三横一竖"的形态，酷似"王"字。村落创建者为岳姓先人，利用当地石灰岩储藏丰富的优势，开山取石建造房屋。岩石作基，土坯作墙，利用山中的木料做檩梁椽柱，建成了土木结构和砖木结构的房屋。整体呈现"两山夹一沟"的山水格局。浊漳河在村庄北部流过，村庄东部为干河沟，每年汛期或有水量。村庄内部拥有地下泉河，以村庄为中心，村前的是前河，村后的是后河，均发源于南山梯根（图4-28）。

民居集中，村中为旧居，四周为新建，由西北而来的进村大路贯通全村，传统建筑由北向南依次为龙王庙、烈士碑、河南晋阳道隘口、观音堂、娲皇宫等。广德灵泽王庙：也称老申峧龙王庙，位于老申峧村北。坐北朝南，一进院落布局，东西15.45m、南北23.94m，占地面积370m²。创建年代不详，现存建筑为清代遗构。中轴线上从北向南依次遗有戏台、正殿；两侧遗有东、西夹楼，东、西厢房。正殿建于高0.6m石质台基之上，面宽三间、进深六椽，七檩前廊式构架，单檐硬山顶，灰布筒板瓦屋面。柱头科三踩单翘式，平身科每间一攒，明、次间设六抹头隔扇装修，次间中两扇隔扇已改换。戏

图4-28　老申峧村鸟瞰

台由两部分组成，下为入庙山门，面宽三间、进深一间，次间青砖砌筑，明间劈板门为
入庙通道；上为倒座戏台，面宽三间、进深六椽，七檩构架，单檐硬山顶，灰布筒板瓦
屋面，檐下设斗栱三踩单翘，补间每间一攒。石碑现存正殿前廊东侧，为青石质，圆
首，方座，通高1.6m，宽0.4m、厚0.25m，额题"创立碑记"，首题"创立龙王庙碑"。

伏羲娲皇宫：位于村中大街正中，坐东向西，单檐单间，南北长3.8m，东西进深
4.8m，占地182亩，左侧为民居，右侧为光绪年间修建的官房一所，前面有一石砌戏
台，庙右侧有砖砌洞门和石栏与庙后相通，为明代硬山歇檐。观音堂：清代悬山结构，
位于村南旧麻池左侧，坐南向北，单檐单间，进深4.5m，面宽3.5m，占地15.8m²，创建
年代不详，2016年整修过。土地庙：位于村中关帝庙和灵泽王庙的左前方约100m，2010
年修建中南铁路时拆除，现存土地庙位于进村北口，2012年修建。晋阳道隘口：明代，
位于村下，坐西向东，是晋阳官道经本村的主要通道和隘口，创建年代不详，现保存良
好。隘口深6m，南北宽5.5m，条石砌筑，经数百年沧桑，完好无缺，券顶无建筑。

老申峧村建筑聚集，具有较好的建筑质量，但是街巷已经过翻修，多为水泥路。
街巷材质黑色为2分、灰色为1分、浅灰色为0分，老申峧村整体评分相对较低，以水
泥路为主。街巷完整度黑色为2分、灰色为1分、浅灰色为0分，由黑色到灰色街巷完
整度逐渐降低，老申峧村街巷完整度相对较高。建筑材质黑色为2分、灰色为1分、浅
灰色为0分，老申峧村传统建筑用材较好。由黑色到灰色建筑质量逐渐变低，老申峧
村整体建筑质量都较高（图4-29）。

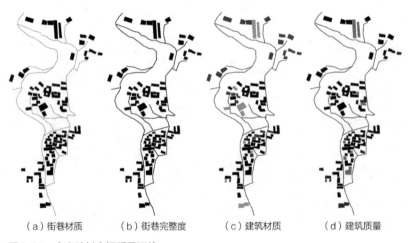

（a）街巷材质　　　（b）街巷完整度　　　（c）建筑材质　　　（d）建筑质量

图4-29　老申峧村空间质量评价

15. 桃阳村

桃阳村位于太行山西麓山西省榆社县云竹镇东南，山下为旱塬高地，东经113°，北纬36°。北靠小庙岭山段家沟村，东与东庄村毗邻，南临浊漳河的支流云竹河，与金藏村、崇事村相望，西与乔家沟村接壤。坐北朝南，西高东低，四周是耕地和山水冲刷形成的低洼河谷之地，形似凤凰双展翅，"山原朝凤，襟高冈而带山河"。东北距榆社县城13km，西北距云竹湖仅有4km。

村落形成年代于元代以前，风水选址、建筑风格、防御系统、排水系统、门楼设计、木雕石雕等均极其考究完善。传统民居从小庙岭山向南依次排布，在山的沟坡崖上散见土窑洞、土坯房；坡下平坦处，东西向排布规模较大的明清楼院群一条街，即李氏一条街和东西大庙古官道。南北向道路主要有巨家古楼至一珍堂道路、古戏台路等。现存楼院为村东头的李名扬及其后代的四珍堂，村西头的晋商李虎四兄弟的一珍堂。此外还有山神庙、厅房院、酒坊院、西楼等（图4-30）。

图4-30　桃阳村鸟瞰

村落质量普遍较高，具有良好的村落风貌，但是街巷已经过翻修，多为水泥路，仅部分路保留原有材质。街巷材质黑色为2分、灰色为1分、浅灰色为0分，桃阳村整体评分相对较低，部分路经过翻修，但整体保留原有村落基础。街巷完整度黑色为2分、灰色为1分、浅灰色为0分，由黑色到灰色街巷完整度逐渐降低，桃阳村街巷完整度相对较高。桃阳村建筑材质用材丰富，黑色为2分、灰色为1分、浅灰色为0分，桃阳村整体建筑水平较低。传统建筑院落用材较好，具有良好的村落风貌。由黑色到灰色建筑质量逐渐变低，桃阳村整体建筑质量都较高（图4-31）。

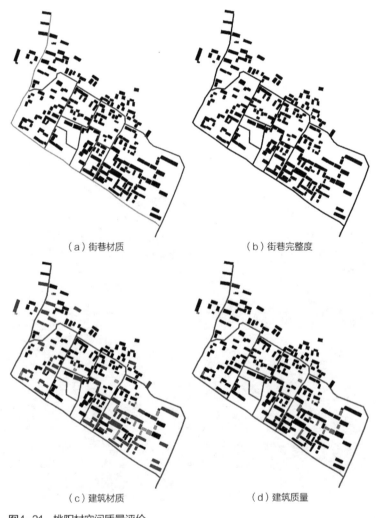

（a）街巷材质　　　　　　　　　　　　（b）街巷完整度

（c）建筑材质　　　　　　　　　　　　（d）建筑质量

图4-31　桃阳村空间质量评价

16. 枣镇村

枣镇村地处太行山腹地浊漳河北岸的黄花沟内，村庄坐落于甘林公路北侧晋豫省道东侧500m处，坐西北朝东南，背靠庵山，面对泉峧前窕，山环水绕，地势险要。位于东经113°，北纬36°，海拔855m，村庄占地面积2400亩。现存明清时期三官三教关帝大庙、天妃圣母庙、古戏楼，以及具北方特色四合院10多处、古街道5处、古戏台1处，并名人故居、八路军将领旧居20余处（图4-32）。

村落分布紧凑，保护较为完整，质量相对较高，但是街巷已经过翻修，多为水泥路。街巷材质黑色为2分、灰色为1分、浅灰色为0分，枣镇村整体评分相对较低，以水泥路为主。街巷完整度黑色为2分、灰色为1分、浅灰色为0分，由黑色到灰色街巷完整度逐渐降低，枣镇村街巷完整度相对较高。枣镇村建筑材质用材丰富，黑色为2分、灰色为1分、浅灰色为0分，村落分布紧凑，保护较为完整，传统建筑院落用材较好。由黑色到灰色建筑质量逐渐变低，枣镇村整体建筑质量都较高（图4-33）。

图4-32　枣镇村鸟瞰

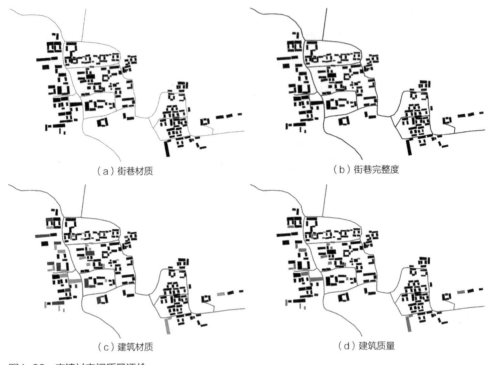

（a）街巷材质 　　　　　　　　　　　　　（b）街巷完整度

（c）建筑材质 　　　　　　　　　　　　　（d）建筑质量

图4-33　枣镇村空间质量评价

17. 东七里村

东七里村位于山西省壶关县晋庄镇东南部，在县城东19.5km处，处于太行山西侧龙山之阳，石子河北岸。地势北高南低且东高西低，坐北朝南，环村皆山，山高谷深，交通不便，出入迂回。又处在壶关、平顺两县交界山地，远离县城，偏远幽僻。村内位于前台地上，地势平坦，背风向阳，"三面环山一面南临沟"。位于东经113°，北纬36°，海拔1134m，村庄占地面积412亩。

东七里村在唐朝以前已经有人居住。现在东七里古村落建筑可以追溯到明末清初，起义军于此修建堡寨，因此村落有完整的防御设施。建筑群为因山就势的城堡式院落，周围环以壕堑，附近开挖悬窑、修建堡寨等，院内挖地道，屋中设藏身洞，防护体系自成一体。从现存遗存看，东七里村的自卫措施主要有烽火台、城垣、壕沟、地道、隐身窑、山寨、悬窑、校场等（图4-34）。

古堡在修建之初，为两条街三排房的格局。其中东西向的李家街较窄，其北为并排四个相连的窑楼院。每座窑楼堂房为窑洞，窑洞上建房，左右又置二层三间配房。四座院落有暗道、暗门左右相连，2条石梯、1条暗道可供上下。这四个院落为李氏兄弟最早修筑的，省力省工，简单朴素。后来，南院完工后，此地为李家的客栈，供过往客商休息。另一条街也为东西向，较宽，俗名为大街，其北侧为四个并排的二进四合院，皆为高墙大院，庭院深深，大街南侧为相对应的坐南朝北的相连的四个庭院。在清代乾隆年间，人口增加，大街上又新置东西房屋，并与厅房相连，形成了如今的格局。保存完整的有大场院、大场里院、小圪联院。这12个院落为李氏家族起居、敬神祭祖、读书教化之地。

东七里村质量较好的建筑占比73%，质量中等的建筑占比11%，质量较差的占比16%。传统建筑材质较好的建筑占比52%，质量中等的建筑占比34%，质量较差的占比14%。传统街巷完整度整体较差。东七里村街巷材质较好的占比为0，中等的占比27%，较差的占比73%。东七里村传统建筑主要以砖瓦材料为主，建筑质量整体较好，部分传统建筑依然有村民居住，街道材质以水泥路为主（图4-35）。

图4-34 东七里村现状

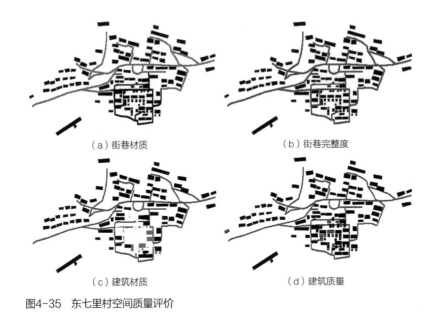

（a）街巷材质　　　　　　　　　　　　　（b）街巷完整度

（c）建筑材质　　　　　　　　　　　　　（d）建筑质量

图4-35　东七里村空间质量评价

18. 豆峪村

豆峪村位于南太行晋、冀、豫三省交接处，与中国传统村落东庄、岳家寨近挨远望成一线，是晋冀古商道的必经之地和商贾驿站。主村南距浊漳河3.8km，背山面岭、近河临谷，四周群山环绕。村中古木参天，民居依山错落而建，具有典型太行山浊漳河支流河谷村落风貌。位于东经113°，北纬36°，村庄占地面积380亩。

豆峪村以河道为界大致分为西坡、东坡，村庄背靠东西两座绵延不绝的大山，民居依山就势错落地建在半山腰上，有着独特而完整的布局。西坡是豆峪村民最早的聚居地，传统建筑面积约占村庄建筑总面积的80%。大部分集中于此。前有文昌阁，后有关帝庙，阁庙之下都有类似城门的石头拱券隧道，高约3m，宽约2m，长约10m，供人车出入。

豆峪村现存的建筑遗产丰富多样，约6500m²。包括庙宇建筑、宅院建筑、楼台建筑、交通建筑、水利建筑、商铺建筑、军事工事建筑等。其中以庙宇建筑和宅院建筑最为丰富。唐末窦王庙43m²，明代龙王庙573.5m²，明代药王庙28.4m²，明代文昌阁80m²，明代三官殿55m²，明代观音堂28m²，明代关帝庙33m²，明代刘家祠堂120m²，清代土地庙14m²，清代山神庙12m²，清代五道爷庙1.8m²（图4-36）。

豆峪村质量较好的建筑占比77%，质量中等的建筑占比18%，质量较差的占比5%。传统建筑材质较好的建筑占比88%，质量中等的建筑占比8%，质量较差的占比

4%。传统街巷完整度较好，新建街巷完成度较差。豆峪村街巷材质较好的占比5%，中等的占比37%，较差的占比58%。豆峪村的传统建筑群落很完整，传统建筑质量整体较好，材质整体较好。传统建筑区域建筑依山而建，沿山的街巷完整性好，街巷以石路、土路为主，与山下的水泥路有着鲜明的对比（图4-37）。

图4-36　豆峪村现状

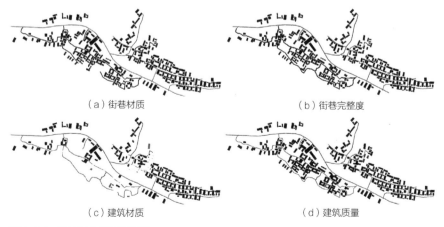

（a）街巷材质	（b）街巷完整度
（c）建筑材质	（d）建筑质量

图4-37　豆峪村空间质量评价

19．古寨村

古寨村形成于元代以前，是古时沁源通往平遥、太原的必经之路。现存古寨为县城格局，有东、西、南、北四道门。门楼上都建有很壮观的城门楼，每道门外都有精致的砖雕墙屏。村庄以一条龙的形状来建设，有龙头龙威。在明清时代形成古文化建筑群，有完整青石铺就的古街区、一批古代民居建筑和大量的砖木雕刻。建筑种类涵盖庙、坛、堂、门等。民居、亭台、楼阁的砖、木、石雕刻精美，古朴淳真。古井、古庙、古坛、古堂、古门等传统建筑等级分明，规格较高，具体格局为：真武庙、龙天庙、古坛、古堂及四道门（分东门、西门、南门、北门）。民居分布连片，大体位于村西、村中、村东，大概是明清年代建设，村落自然环境优美，资源丰富，交通发达（图4-38）。

古寨村中，正北建有"天坛"，老百姓称"天地爷楼"，为无梁窑套楼，共2层，下层窑洞为"正窑"，楼上塑有天地神像。相对南面是"地坛"，老百姓称"南台则"，为2层建筑，下层为半地下建筑，窑上建有戏台。中间是"五道爷"广场，广场东北有一"五道爷"小庙，建于康熙末雍正初，是全村老百姓集会、结社、庆祝的活动场所。

图4-38 古寨村现状

清代晋商罗廷基在古寨西头陆轴街，前后修了四所坐北向南的大院。后两所大院是砖木结构的窑洞套楼，临街两所，东面是书院，西面是生意院。都是依山就势，亭台楼阁俱全，包括木雕过庭、砖雕木雕门楼。村落基本保存完整，建筑面积有5000m²。

古寨村质量较好的建筑占比22%，质量中等的建筑占比67%，质量较差的占比11%。传统建筑材质较好的建筑占比73%，质量中等的建筑占比16%，质量较差的占比11%。传统街巷完整度较好，新建街巷完成度较差。古寨村街巷材质较好的占比6%，中等的占比6%，较差的占比88%。古寨村传统建筑主要以砖瓦建筑和窑洞为主，多数传统建筑都有破顶、偏塌的情况，整体质量较差。街巷以石路、砖路为主，材质较好，街巷依地势形成，完整度较好（图4-39）。

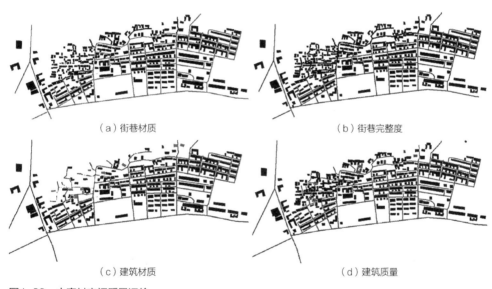

（a）街巷材质　　　　　　　　　　　　（b）街巷完整度

（c）建筑材质　　　　　　　　　　　　（d）建筑质量

图4-39　古寨村空间质量评价

20. 泉之头村

泉之头村位于太行山西麓，长治市北部，武乡县西端。村子三面环山，村前是条河，和云族湖相通。村庄占地面积170亩。村落地势呈凤凰展翅，村中有南北两山，住房坐北朝南，以八卦形式排列。建筑独具特色，全是前庭房、后楼院的土、木、砖结构的四梁八柱传统民居，单院为堂，堂堂相连，院落轴线规范，整体严谨。村子三面环山，地形封闭，背倚龙脉大山，东南与村西小山回环合抱，呈狮头、卧虎之势，并有山泉水呈北斗星状点缀于村落中。豁口有自西向东、自南向北的两条河，两河交汇后，顺地势缓缓流向村东北，注入云竹湖。东南突兀的小山像一颗珠子，与两河恰成"二龙戏珠"（图4-40）。

村中保存有依山傍水而建的明清古建筑群，建筑技艺精美，四梁八柱、砖包石砌、土坯承重，等级规制高的多为筒瓦、五进制超规格建制，气势恢宏。主体12座院落，大多建于清朝中叶，遗存的建筑布局严谨，都是按"阴阳八卦"来布局的，其明显标志是门框上设计有门当，意即门当户对。其中四座最为典型，都是多进多出的前庭房、后楼院，自东向西分别为：东头院、辕门院、里外新院和沟里院（又称五柳堂）。具体包含明代陈氏祠堂450m^2、明代当村院860m^2、明代保安堂1200m^2、明代南庄院600m^2、明代南门院1100m^2、清代里外新院1800m^2、清代辕门院2600m^2、清代东头院2100m^2、清代五柳堂12000m^2、清代三官庙430m^2、清代河边院860m^2。桥梁4处，古河道1处，水渠3处，古井5处，古树3棵。

泉之头村质量较好的建筑占比77%，质量中等的建筑占比12%，质量较差的占比11%。泉之头村传统建筑材质较好的建筑占比58%，质量中等的建筑占比26%，质量较差的占比15%。泉之头村传统街巷完整度整体较差。泉之头村街巷材质较好的占比为0，中等的占比4%，较差的占比96%。泉之头村传统建筑多为砖瓦、砖木结构，部

图4-40　泉之头村现状

分建筑木结构保留十分完整，建筑质量整体较好。街巷以水泥路为主，少部分为砖路，街巷完整度较差（图4-41）。

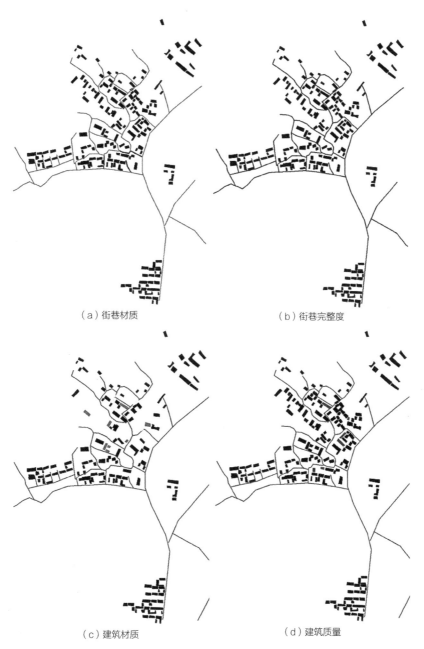

（a）街巷材质 　　　　　　　　　　（b）街巷完整度

（c）建筑材质 　　　　　　　　　　（d）建筑质量

图4-41　泉之头村空间质量评价

21. 唐村

唐村位于沁县南里乡东，村内山水环绕，属浊漳河支流水系，植被覆盖率达80%，河道半环村围绕达3.3km。位于东经112°，北纬36°，海拔855m，村庄占地面积255亩。

相传唐村建村于唐代，时有唐朝古墓发掘为证，现存30余间明清时期古建筑，筒瓦脊兽，明柱退堂，过庭走廊，阶台层层，几进几出，四合建舍，正门吉水，富贵双全。街面上，东院、西院、南院、北院均有旗杆、石狮。现有油作坊留存（图4-42）。

唐村质量较好的建筑占比47%，质量中等的建筑占比40%，质量较差的占比13%。传统建筑材质较好的建筑占比63%，质量中等的建筑占比12%，质量较差的占比25%。传统街巷完整度整体较差。唐村街巷材质较好的占比为0，中等的占比为0，较差的占比100%。唐村传统建筑多为砖瓦建筑，建筑质量整体一般，部分传统建筑已被弃置且破损严重。街巷以土路、水泥路为主，材质较差，街巷完整度较差（图4-43）。

图4-42 唐村现状

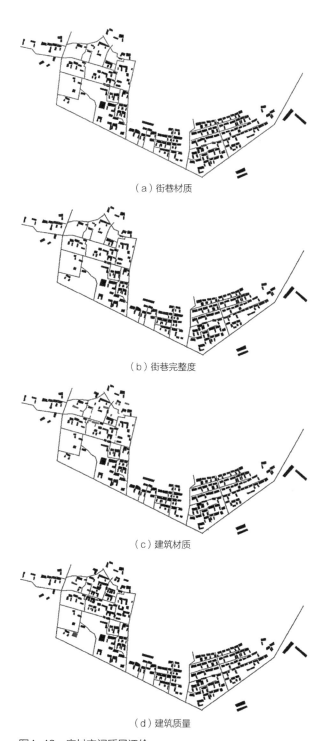

（a）街巷材质

（b）街巷完整度

（c）建筑材质

（d）建筑质量

图4-43　唐村空间质量评价

22．土脚村

土脚村位于潞城区黄牛蹄乡的东部，在潞城区东南太行山西麓，上党盆地东北边缘，位于东经112°，北纬36°，海拔高度616m，村庄占地面积302亩。古村街巷四通八达，似树叶脉络般展开。以村中心南北两条主干道连通，其余街巷由此向外辐射。村南有玉皇庙，创建年代为清代。村落位于百里河滩的南岸，地势险要，村东西为山岭，村后可通平顺地界，是一处比较好的天然堡垒（图4-44）。

土脚村东、西、南三面环山，坐落腹地，居于山内，显得宁静而古老。村内全部传统建筑面积占村庄建筑总面积的95%，150多座院落均极具传统特色，其依山势而建，覆盖了整个腹地。因村内历史环境保存较好，有始建于清代的玉皇庙、关公阁，还有一些清代民居院落，这些大多为窑院。根据建造工艺、材料的不同，窑洞分为有石窑、砖窑和土窑。村内房屋的窗户和门大多有木雕及砖雕，作为民居建筑的重要装饰艺术，技艺精湛，清新质朴。具体有：元代玉皇庙1700m²、清代关公阁30m²、清代王泰故居700m²、清代票号和醋厂1500m²、清代原地主院落400m²、清代瓦窑

图4-44　土脚村现状

遗址1600m²。

土脚村质量较好的建筑占比46%，质量中等的建筑占比31%，质量较差的占比23%。传统建筑材质较好的建筑占比65%，质量中等的建筑占比35%，质量较差的占比为0。传统街巷完整度整体较好。土脚村街巷材质较好的占比为0，中等的占比25%，较差的占比75%。传统建筑多为土窑、砖窑、砖瓦建筑，建筑质量整体一般，土窑建筑已完全被弃置。街巷依山脚走势而成，以土路为主，完整度较好（图4-45）。

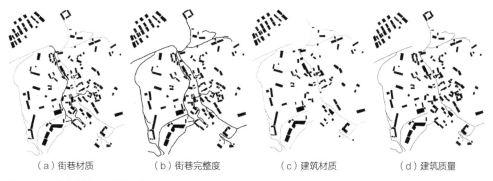

（a）街巷材质　　　　（b）街巷完整度　　　　（c）建筑材质　　　　（d）建筑质量

图4-45　土脚村空间质量评价

23．西社村

西社村地处山西省平顺县西部古文明区，平顺县成立（1529年）前和平顺裁县的160多年间，属于潞城管辖。位于东经113°，北纬36°，海拔726m，村庄占地面积24.4亩。这里人类生存繁衍较早，历史遗迹很多，庙宇阁楼分布村庄四周，祠堂、戏楼和池塘建于村中。明代里甲制度痕迹明显。有卫公庙、文昌阁、观音堂、戏楼、唐碑、宋碑；碉楼院、土楼院、窑楼院（砖窑楼、土窑楼）、四合院（楼院、房院）、地窨院、窑洞院；堪称明、清、民国时期中国北方农村建筑的"活化石"。西社村清代建筑保存完整，青砖大瓦，厚实沉稳；民国建筑风格独特，中西合璧，蔚为壮观。窑洞楼房错落有致，砖雕石刻丰富多样，柱础窗石各具特色（图4-46）。

卫公庙位于村东100m，坐北朝南，一进院落布局，东西长23m、南北宽41.9m，占地面积963.7m²。现存正殿为元代遗构，其他建筑均为清代遗构。中轴线由南向北依次为山门（上为戏楼）、献殿、正殿，两侧为偏殿。文昌阁位于村北，南北走向，东西6.7m、南北3.1m，占地面积为20.77m²。现存建筑为清代遗构。由上下两部分组

图4-46　西社村现状

成，一层为石券过道，均为青石券制，门洞宽1.5m，高2m，两侧浮雕几何形图案，二层为阁楼。观音堂位于村东路口。坐东朝西，东西长9m、南北宽9.5m，占地面积5.5m^2。现存正殿、献殿为清代遗构。正殿建于高1m的石质台基之上，面宽一间、进深四椽，五檩式构架，单檐硬山顶，灰板瓦屋面，前檐坍塌，斗栱不存。献殿面阔三间、进深四椽，前檐辟廊，单檐卷棚顶，前插翼角，灰板瓦屋面，柱头斗栱三踩单翘式，平身科每间一攒。戏楼位于村中，坐西朝东，东西长9.6m，南北宽8.7m，占地面积83.5m^2。创建于清咸丰八年（1858年），现存建筑为清代遗构。戏台建于高1.5m的台基之上，面宽三间、进深六椽，单檐硬山顶，明间较大，次间小，柱头斗栱五踩，单翘单昂。

大禹庙位于本村后山最高峰盘肠脑，一间构架，坐西朝东。东西宽4m、南北长5m，为一处明清遗存，是西社村、常家村、高岸村村民祭祀龙王、祈求风调雨顺的场所。龙王庙位于卫公庙东100m的旧大坡顶，一间建筑，坐西朝东。东西3m、南北4m，明清遗存，是村民旱年祈雨的地方。五道庙于本村村北文昌阁西20m北侧，坐北朝南的明清建筑，东西长5m、南北宽4m，面对南北大街。土地祠位于村东土池东岸，一层一间建筑，占地35m²，是村民祈求土地爷看管土地、保护土地、保佑五谷丰收的场所。

西社村质量较好的建筑占比54%，质量中等的建筑占比25%，质量较差的占比21%。传统建筑材质较好的建筑占比75%，质量中等的建筑占比15%，质量较差的占比10%。传统街巷完整度整体较差。西社村街巷材质较好的占比为0，中等的占比为0，较差的占比100%。西社村传统建筑分散在村落建筑中，以砖窑、砖瓦建筑为主，建筑整体质量较好。街巷以土路、水泥路为主，街巷完整度较差（图4-47）。

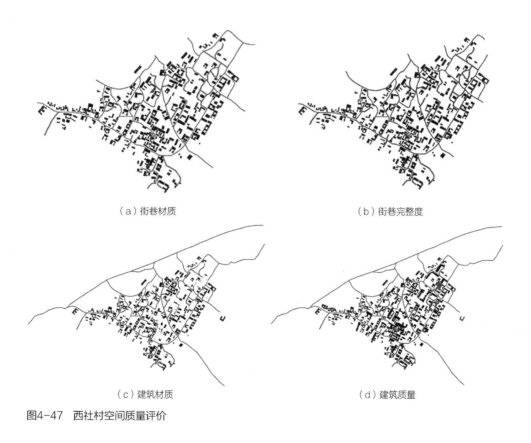

（a）街巷材质　　　　　　　　　　　　　　　（b）街巷完整度

（c）建筑材质　　　　　　　　　　　　　　　（d）建筑质量

图4-47　西社村空间质量评价

24. 霞庄村

霞庄村处于黎城沉积盆地的北部，背靠蟒山，面临杨南河，东北接苏村，东南邻北停河村，北高南低，梯田状，村庄东西有两条深沟。位于东经113°，北纬36°，海拔855m，村庄占地面积300亩。由于特殊的地理环境，霞庄村有"远见近不现"的地理特点，从古至今都具有很强的战略意义（图4-48）。

霞庄村从大体上分为东、中、西三块，主要文化遗存位于中部。这些房屋与建筑相当有特点，不仅有以前的木雕、石雕、砖雕、绘图等，而且还全是砖木结构。村庄街道全部采用"丁"字形格局，有利于防水、防火。村内保有大量历史建筑遗存，如关帝庙、真武庙、王氏宗祠、李氏宗祠、五龙大庙。霞庄村西北2km处山坳中有唐朝皇家寺院，名曰"白岩寺"，山体上有北齐时期的摩崖石刻造像，霞庄村内有抗大总校旧址和北方局高级干部会议遗址等重要文物古迹，有明清时期的各类宗庙建筑。

霞庄村质量较好的建筑占比82%，质量中等的建筑占比14%，质量较差的占比4%。传统建筑材质较好的建筑占比62%，质量中等的建筑占比33%，质量较差的占比6%。传统街巷完整度整体较差。霞庄村街巷材质较好的占比4%，中等的占比15%，较差的占比81%。霞庄村传统建筑主要聚集在村落的中部，建筑以砖瓦为主，建筑整体质量较好。街巷以石路、砖路、水泥路为主，街巷完整度较差（图4-49）。

图4-48 霞庄村现状

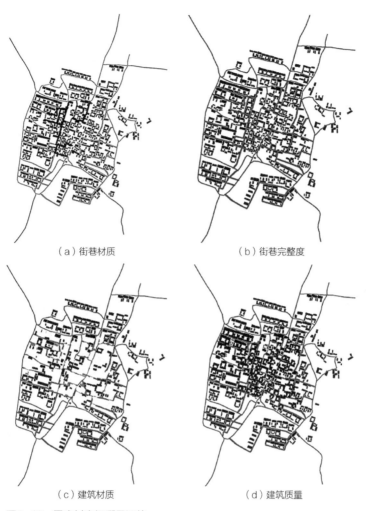

（a）街巷材质　　　　　　　　　　（b）街巷完整度

（c）建筑材质　　　　　　　　　　（d）建筑质量

图4-49　霞庄村空间质量评价

25. 下赤峪村

　　下赤峪村位于河峪乡西南部，云竹湖畔。云竹湖把全村分为南北两部分，南部叫南下赤峪，又为南峪，北部叫庙沟，中部为北下赤峪，地势较为平坦。下赤峪村附近有榆社文峰塔、晋中弥陀寺、云竹湖、榆社崇圣寺、榆社石塔等历史文化遗存（图4-50）。

　　下赤峪村质量较好的建筑占比44%，质量中等的建筑占比42%，质量较差的占比14%。传统建筑材质较好的建筑占比62%，质量中等的建筑占比32%，质量较差的占比7%。传统街巷完整度较好，新建街巷完成度较差。街巷材质较好的占比3%，中等的占比25%，较差的占比72%。下赤峪村择水而居，传统建筑处于村落的左侧，以砖瓦建筑为主，部分传统建筑已经被拆除重建，建筑质量整体一般。街巷以碎石路、砖路、水泥路为主，传统建筑区域街巷完整度较好（图4-51）。

图4-50 下赤峪村现状

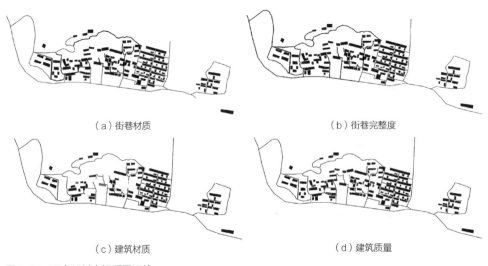

（a）街巷材质

（b）街巷完整度

（c）建筑材质

（d）建筑质量

图4-51 下赤峪村空间质量评价

26. 窑上村

窑上村地处太行山南麓的山西省平顺县北部河谷浊漳河北岸的寨坡岭山上，属平顺县石城镇，距平顺县城75km。位于东经118°，北纬32°，海拔808m，村庄占地面积285亩。

村落依山而建且集中布局。坐北朝南，枕山面水，既可抵挡冬季寒风，又可避免洪涝之灾，还能获得开阔的视野，有利于获得良好的日照，符合"天人合一"的哲学理念。窑上村在明清时期形成村落，是典型的家族型村落，全村皆为赵姓。村落呈菱形布局，前后蔓延近0.5km，主要街巷有前街、下前场街、后圪廊、后岭巷，街巷皆与前街相连。民居集中，村中为旧居，四周为新建，传统民居主要集中在村庄中间部分，由东南而来的进村大路贯通全村，有古道自村东而来，穿村而过，一直向西北通达河北涉县。

窑上村整体风貌良好。村落依山而建，避风朝阳，境内沟壑横纵，岭梁起伏。村落整体布局严谨，整齐有序；民居错落有致，鳞次栉比；街道纵横交错，贯通全村（图4-52）。传统建筑由东向西依次为苍龙王庙、关帝庙、烈士碑、佛爷庙、奶奶

图4-52 窑上村现状

庙，其他重要节点有古戏台、古券口等。这些建筑年代久远，处于村落核心位置，保
存完整。其中，苍龙王庙创修年代不详，现存为明清遗构，碑文有清道光年间重修之
记载；佛爷庙现存建筑为清嘉庆年间重修；其余关帝庙、奶奶庙均为明清建筑。昔
日，苍龙王庙香火鼎盛，周边河南林州、河北涉县香客云集，窑上村、西庄村、黄坪
村三家轮流举办，盛况空前。现保存状况一般。

　　窑上村质量较好的建筑占比81%，质量中等的建筑占比10%，质量较差的占比
19%。传统建筑材质较好的建筑占比64%，质量中等的建筑占比25%，质量较差的占比
11%。传统街巷完整度整体较好。窑上村街巷材质较好的占比12%，中等的占比19%，
较差的占比69%。窑上村依山而建，传统建筑呈"一"字形展开，多为砖瓦、平顶建
筑，建筑整体质量较好。街巷以石路、水泥路为主，街巷完整度较好（图4-53）。

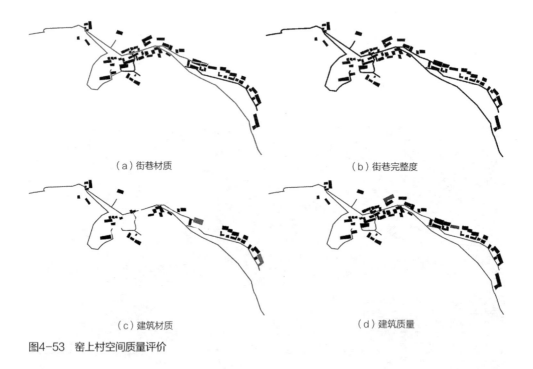

（a）街巷材质　　　　　　　　　　　　　　　（b）街巷完整度

（c）建筑材质　　　　　　　　　　　　　　　（d）建筑质量

图4-53　窑上村空间质量评价

27. 岳家寨村

　　岳家寨位于山西省平顺县石城镇浊漳河南岸，是浊漳河青草凹沟支流的源头，虹
霓河和浊漳河的分水岭。这里四面环山，有多处独特的地理景观（如蜗牛瀑布、三
潭印月、凤凰台、窟窿山、卸甲楼等）和罕见的溶洞和岩洞（如黑龙洞、天龙洞、

莲花洞、白龙洞、觋龙洞、火龙洞、赈布爷洞等）。村庄距石城镇14km，整个村庄坐落于山峰缓坡上，沟壑纵横，石多土少，植被茂盛。位于东经113°，北纬36°，海拔1032m，村庄占地面积350亩（图4-54）。

元时建村，在清朝时形成完整的村落形态。村庄依山势而建，从高到低，错落排列。村落自然聚集，街巷自然穿插，没有严格的中轴线，公共空间有限，最大的空间是后庄的小广场。明清开始就地取材，用石头建房，用石板封顶，用石头铺巷，形成了具有典型特色的石头街巷、石头台阶、石头桌子、石头条凳、石头栏杆，石井、石磨、石碾等生产生活用具，以及保护完好的石头民居建筑群落。

岳家寨现存建筑遗产丰富，以庙宇建筑和宅院建筑为主。建筑年代从元至明、清、民国皆有分布，院落形制以四合院、三合院为主，屋顶石板铺砌，以单坡、双坡为主，也有歇山、重檐等形制。寺庙建筑受地形限制，规模都较小。寺庙建筑（岳飞庙、梯嘴山神庙、寨背山神庙等），公共建筑（街巷、道路、隧洞等），民居建筑（陶然居、仙人居、文院居、龙凤居、桃源居、清雅居、致远居等），还有石磨、石碾、

图4-54 岳家寨村现状

石井、古树等遍布村内（图4-54）。

岳家寨村质量较好的建筑占比89%，质量中等的建筑占比11%，质量较差的占比为0。传统建筑材质较好的建筑占比68%，质量中等的建筑占比32%，质量较差的占比为0。传统街巷完整度整体较好。街巷材质较好的占比29%，中等的占比31%，较差的占比41%。岳家寨村建在两个山头上，传统建筑以石瓦建筑为主，十分有地域特色，建筑整体质量较好。街巷以石路、水泥路为主，石路与建筑形成了村落的街巷，水泥路绕山而修，连接着岳家寨村的两个部分，街巷完整度较好（图4-55）。

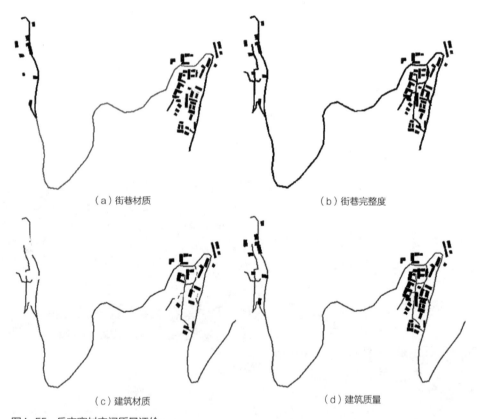

（a）街巷材质　　　　　　　　　　　　　　（b）街巷完整度

（c）建筑材质　　　　　　　　　　　　　　（d）建筑质量

图4-55　岳家寨村空间质量评价

28. 砖壁村

砖壁村位于山西省长治市武乡县蟠龙镇，距武乡县城40余千米，东与安乐庄村接壤（新华社旧址），南邻韩北乡土河坪村（八路军总部卫生院旧址），北接蟠龙镇烟里村（八路军总部政治部旧址）。村庄占地面积500亩。

砖壁村地势三面临崖，一面靠山，山大沟深。东靠境内的小松山，西部为沟壑纵横的土丘；村内山大沟深，被三条大沟切断，背靠大山，依山次第而建，东高西低，具有易守难攻的独特地形。全部传统建筑面积占村庄建筑总面积的75%，具体有耕读第、大兴居、中合庆、式古训等民居，保留了李家祠堂，东部玉皇庙、圣母庙在抗日战争时期曾是八路军总部所在地。朱德、彭德怀和左权等八路军领导人曾在该村生活、战斗。八路军总司令部旧址南、西、北三面临崖，由一条峡谷小道连通；东面靠山，经两道沟，可进入崇山峻岭之中（图4-56）。

砖壁村质量较好的建筑占比95%，质量中等的建筑占比3%，质量较差的占比2%。传统建筑材质较好的建筑占比69%，质量中等的建筑占比31%，质量较差的占比为0。传统街巷完整度整体较差。街巷材质较好的占比10%，中等的占比17%，较差的占比73%。砖壁村传统建筑分布在村落的左下位置，传统建筑整体经过了一定的修缮，主要以砖瓦建筑为主，建筑整体质量较好。街巷以砖路、水泥路为主，街巷完整度较差（图4-57）。

图4-56　砖壁村现状

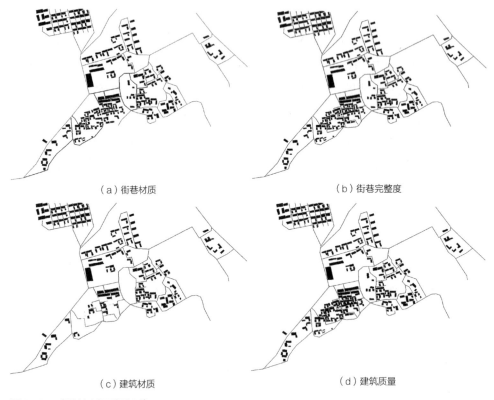

（a）街巷材质　　　　　　　　　　　　　　（b）街巷完整度

（c）建筑材质　　　　　　　　　　　　　　（d）建筑质量

图4-57　砖壁村空间质量评价

29．西岭底村

西岭底村三面环山，恰似居于太行山巅的一个小盆地。山上松柏林、桃杏树林把大山笼罩，山脚下平缓处是阡陌交通的田地和鸡犬相闻的民居。西岭底村起源于元代，位于西岭脚下，村庄占地面积800亩（图4-58）。

村中民居多为坐北向南、依势而建的四合楼院。现存民居有明清晋商大院，宅院青砖灰瓦，高墙俊宇，建筑规模较大，有砖雕、木雕和石雕。明代碑亭30m²、明清古戏台500m²、明清庙宇222m²、清代焦家大院2160m²、清代韩家大院180m²。村域内其他传统资源有古碑4块、古井1口、古树1棵、古石槽1个、古墓碑2块。现存传统建筑焦家大院，位于村中央，由坐北朝南的东院、当中院、西院三大院从东到西依次横向排成一行，三大院由前院、二院和后院前低后高地纵向排成三列，每一院落有院门、正房、厢房等，以2层单檐硬山顶阁楼式建筑构成，布局合理，功能齐全。三大院中尤以西院规模宏伟、精工细作、极尽奢华。三大院门前与之对应的是依势而建的

图4-58　西岭底村鸟瞰

风格别致的窑楼，由于前后地势落差较大，下层为坐北朝南的窑洞，上层为砂砾立柱支撑的前廊式南楼房。整个建筑群共计房屋180余间，占地30余亩。

庙宇位于村西口，坐北朝南，一进院落，三院并排布局，创建年代不详，疑为明朝建筑。现在庙院正殿建筑完好，东西耳殿房屋损毁严重。东院仅存遗址，西院整体保存完好。进入庙院需拾级而上，大门两侧是1.2m的走廊，走廊边缘为约1m高青条石压顶的花墙，花墙西边安放有青石狮子。花墙的功能主要是看戏。古戏台位于村西口，与古庙处在一条中轴线上，呈纵向排开，坐南朝北，突显祭祀神佛的功能。整个建筑为两层三状并联式舞台，呈现明朝戏台风格。一楼通体相通，是戏班子下榻的地方；二楼中间为五间一面开敞的厅堂式抬梁结构，前檐由四根砂石柱支撑，中间由彩绘的木制隔扇分为前后台表演区。

西岭底村建筑质量由深色到浅色建筑质量逐渐变低，村落建筑质量分布相对分散。庙宇及戏台、焦家大院建筑群保存较为完整。建筑材质相对较好，黑色为2分、灰色为1分、浅灰色为0分，旧大院、庙宇戏台保存完整，材质也相对较好。街巷完整度黑色为2分、灰色为1分、浅灰色为0分，因此西岭底村街巷完整度相对完整，整个村落呈树枝状，极具村落特色。街巷材质相对统一，大多为水泥路，整体评分较低（图4-59）。

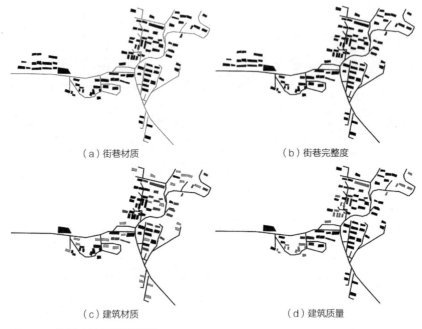

（a）街巷材质　　　　　　　　　　　（b）街巷完整度

（c）建筑材质　　　　　　　　　　　（d）建筑质量

图4-59　西岭底村空间质量评价

30．神北村

神北村位于山西省长治市壶关县东南45km处，隶属树掌镇，它与晋城市的陵川县毗邻。村落属于山地河谷型村落，地处神郊河北岸山坡上，也因此得名（图4-60）。

神北村形成于元代以前。有国家文物保护单位真泽宫，其雕梁画栋、斗栱飞檐、琉璃瓦脊、红墙碧瓦，由低到高错落有致地排列，建筑结构严密，布局合理，规模宏大，蔚为壮观。真泽宫俗称奶奶庙、二仙庙，占地6900m²，坐北朝南，有3进院落、主殿3座、配房240余间、碑碣36通，所有建筑均为砂石基础。真泽宫供奉着独有的地方神祇冲惠、冲淑二位女真人。

神北村建筑质量由深色到浅色建筑质量逐渐变低，村落建筑质量分布较好的为新村，旧村建筑质量相对较差，被大量破坏和损毁。建筑材质黑色为2分、灰色为1分、浅灰色为0分，建筑材质与建筑质量相反，建筑材质较好，大多分布在旧村。街巷完整度黑色为2分、灰色为1分、浅灰色为0分，完整度相对较低。街巷材质黑色为2分、灰色为1分、浅灰色为0分，神北村街巷材质相对丰富，旧村落材质以土路为主（图4-61）。

图4-60　神北村鸟瞰

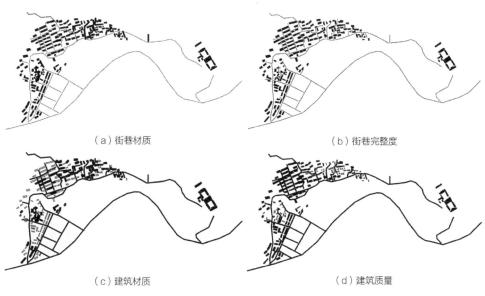

（a）街巷材质　　　　　　　　　　　　　　　（b）街巷完整度

（c）建筑材质　　　　　　　　　　　　　　　（d）建筑质量

图4-61　神北村空间质量评价

31．河东村

河东村位于山西省壶关县东南部，距县城42km，距河南省林州市68km。河东村四面环山，东依紫团山，南依翠微山，西北临清晴河，西眺西岭大峙山脉。村庄被村内河道分为东西两部分，村外四周山大沟深，沟壑纵横，山高坡广，山套山、沟连沟，南高北低。位于东经113°，北纬35°，海拔800m，村庄占地面积1650亩（图4-62）。

村内民居多为四合院，院落排列有序且集中连片。古民居建筑多为明清建筑风格，院落以四合院为主，均为土木结构，石砌根基，双斜槽屋顶瓦片覆盖，墙壁多是青砖砌成。建筑布局格调高雅，雕刻绘画异彩纷呈。建筑群所有房上均有精致的花鸟、祥云等屋脊，两头有龙尾。

河东村因佛教兴村，现村内存有大量的庙和祠，分布在村内的四个方位。其中诸神观位于村西北；观音堂位于村中十字街南侧；马王祠位于村西；土地祠位于诸神观北、鳌盖头西侧；济渎庙又名疙瘩神庙，主司济渎疙瘩，位于村北，紧靠土地祠；山

图4-62　河东村鸟瞰

神祠村域内有两处，一处在后沟石山上，周围有檀树，另一处在西脑禁坡内。这些
庙宇不仅界定了村落的边界线，而且是村民朴素的宗教信仰的真实体现。诸神观坐
北朝南，明末清初建筑，距今800余年。清康熙二十一年（1682年）修理，大清乾隆
二十九年（1764年）中秋重修。庙宇每年正月、腊月进行迎神、赛社、神戏、唱酬等
活动，十分隆重，是古代村民进行各种活动的场所。

　　河东村建筑质量由深色到浅色建筑质量逐渐变低，河东村传统院落组团保护相对
落后，屋顶长满青苔，出现许多破败之处，传统院落组图建筑质量相对较低。建筑材
质整体相对较高，黑色为2分、灰色为1分、浅灰色为0分，传统建筑组团部分材质分
数相对较高，建筑材质也较好。街巷完整度黑色为2分、灰色为1分、浅灰色为0分，
由深色到浅色街巷完整度逐渐降低，街巷完整度相对较低。街巷材质黑色为2分、灰
色为1分、浅灰色为0分，整体评分相对较低，以水泥路为主（图4-63）。

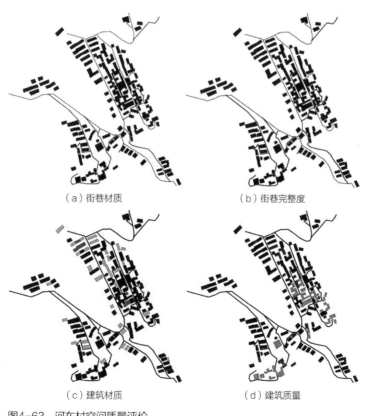

（a）街巷材质　　　　　　　　　　　　（b）街巷完整度

（c）建筑材质　　　　　　　　　　　　（d）建筑质量

图4-63　河东村空间质量评价

32．芳岱村

芳岱村隶属于山西省壶关县树掌镇，在风景秀丽的紫团山脉中，东邻老虎山，西接树掌村，北靠寨址山，南望河东村。背靠的寨址山呈东西走向，与西侧的将军峰、东侧的老虎山共同组成了芳岱村北面的靠山。村位于东经113°，北纬35°，海拔1254m，村庄占地面积4.5亩（图4-64）。

村中明清时期的建筑较多且集中连片，雄伟高大的庙堂与造型古朴的民居错落有致，浑然一体。民居院落以四合院、三合院的砖木结构建筑为主，每处院落都饰有木雕、砖雕和石雕等。村内还保留有古道、磨坊、老井、老街、戏台等。

芳岱村建筑质量由深色到浅色建筑质量逐渐变低，传统院落保护相对落后，屋顶长满青苔，多处破败。新村建筑质量相对较好。建筑材料用材丰富，黑色为2分、灰色为1分、浅灰色为0分，传统建筑组团部分分数相对较高，建筑材质也较好。街巷完整度黑色为2分、灰色为1分、浅灰色为0分，完整度相对较高，整体为树枝状。街巷材质黑色为2分、灰色为1分、浅灰色为0分，整体评分相对中等（图4-65）。

图4-64　芳岱村鸟瞰

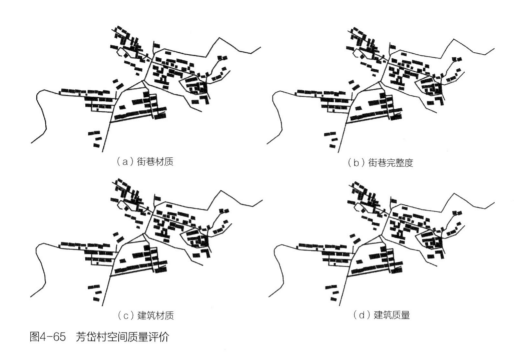

（a）街巷材质　　　　　　　　　　　　　　（b）街巷完整度

（c）建筑材质　　　　　　　　　　　　　　（d）建筑质量

图4-65　芳岱村空间质量评价

33. 树掌村

树掌村位于山西省长治市壶关县城东南部45km处，东经113°，北纬36°，海拔1305m，村庄占地面积1200亩。

树掌村山川地貌的自然架构大体可概括为一穴、二泉、三河、四山、五岭、六沟、七碣、二平川。村内有5条古道，近达周边四村八乡，远达长治、陵川、安阳等县市。春秋时期已形成村落，村名不详，置村至今已2000余年（图4-66）。树掌村有特色鲜明的民居建筑群，山地民居依山而建，向阳背风，阶梯分布于河谷阶地之上。村内既有明清传统古居，也有民国时期和现代的民宅；既有窑洞院，也有楼房院；既有三合院和四合院，也有一进两院、三院格局。如寨上冯家大院、冯文止的半杆院、冯氏宗祠、东宫上大院、西宫上大院、西头冯家大院、牛家大院、一甲户粮房都是很典型的民居。名址古迹众多，分散在村中各处，诸神观位于村中央，圣母庙、关帝庙、观音庙、马王庙、魁星阁、贞节牌坊不复存在。土地庙位于村西北，山神庙保存完好。

诸神观俗称大庙，建于明代，位于村中央，坐北朝南，单进院落，占地约2亩。

图4-66　树掌村鸟瞰

合峪桥架建于村东桥河之上，东西走向，单孔石券，桥面长25m，宽6m，桥洞高24m，跨度6m，于明朝正德十七年（1622年）由村人李思恭率众创建。清朝嘉庆二十五年（1820年）和光绪八年（1882年）两次重修，至今完好。寨上冯家大院为清初顺治或康熙皇帝降旨为"都光棍"冯嘉冠所修。东宫上大院主体建筑成型于明清时期，共5座院落，63间房舍。西宫上大院，旧时以大户冯廷魁为代表的同族三个家庭居住于此，共计3座大院38间房舍，区域总面积约3500平方米。

树掌村建筑质量由深色到浅色建筑质量逐渐变低，传统院落保护相对较好，评分低的建筑屋顶长满青苔，出现多处破败。建筑保存相对完整。建筑材料用材丰富，黑色为2分、灰色为1分、浅灰色为0分，整体用材较好。传统建筑保存相对完整。街巷完整度黑色为2分、灰色为1分、浅灰色为0分，完整度相对较高，整体为树枝状。街巷材质黑色为2分、灰色为1分、浅灰色为0分，街巷用材相对丰富，整体评分较高（图4-67）。

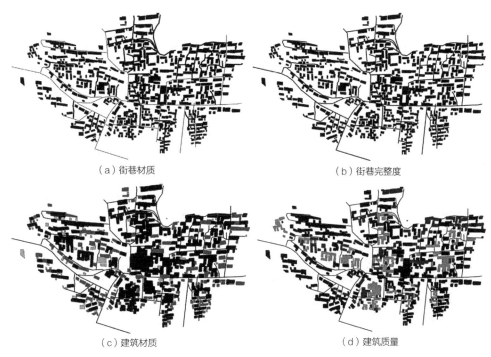

| (a) 街巷材质 | (b) 街巷完整度 |

| (c) 建筑材质 | (d) 建筑质量 |

图4-67　树掌村空间质量评价

34. 大会村

大会村位于池岭山系西南余脉之天池垴之阳，马江河河谷北岸上，村落负阴抱阳，背山面水，呈左右围护之布局。四周高峰逶迤，势若盛开之莲花，古有"莲花宝地"之称。村背后高垴山形似巨龙，昂首向天，隐尾河谷，村庄处"龙"身之上。村位于东经113°，北纬35°，海拔1252m，村庄占地面积1180亩。

大会村地处交通要道，由于商贸流通和战事频繁，促进了村落规模扩大和防御体系的建立，形成山上有寨、平川有窑、院墙高大、房屋相连的风貌特征。羊窑棚长400余米，始建于明代中后期，上下两层，支洞众多。环山寨堡6座，最早为战国时期赵将廉颇所筑，历代均有修造。

大会村有特色鲜明的民居建筑群。山地民居依山而建，向阳背风，阶梯状分布于河谷阶地之上、山前缓坡平岗之间，不同的高度，形成不同的空间层次，呈现高低错落、左右护卫之势。这些方面，正符合大会村先民适应自然、与自然和谐统一的需要（图4-68）。村中既有明清传统古居，也有民国现代民宅；既有窑洞院，也有楼房

图4-68　大会村鸟瞰

院；既有三合院和四合院，也有一进两院、三院格局。大会村还有完善的神庙系统，
古庙遗存诸神观、观音庙、土地庙、疙瘩神庙等，房屋72间。诸神观坐北向南，一进
院落布局，东西23m，南北32.3m，占地面积742.9m²，现存建筑为清代遗构。中轴线上
从南到北依次遗有戏台（山门）、正殿；两侧遗有东西妆楼、东西廊房、东西耳殿。此
外村内还有独特的古桥古树、古池古井、古河道等。古桥有东龙尾桥、西龙尾桥和小
河桥。

　　大会村建筑质量由深色到浅色建筑质量逐渐变低，传统院落保护相对较好，评分
低的建筑屋顶长满青苔，出现多处破败。村建筑整体评分较高，建筑保存相对完整。
建筑材料用材丰富，黑色为2分、灰色为1分、浅灰色为0分，整体用材中等。传统建
筑用材较好。街巷完整度黑色为2分、灰色为1分、浅灰色为0分，完整度相对中等。
街巷材质黑色为2分、灰色为1分、浅灰色为0分，街巷用材整体为浅色，街巷材质相
对较低，只有少数为土路和石板路（图4-69）。

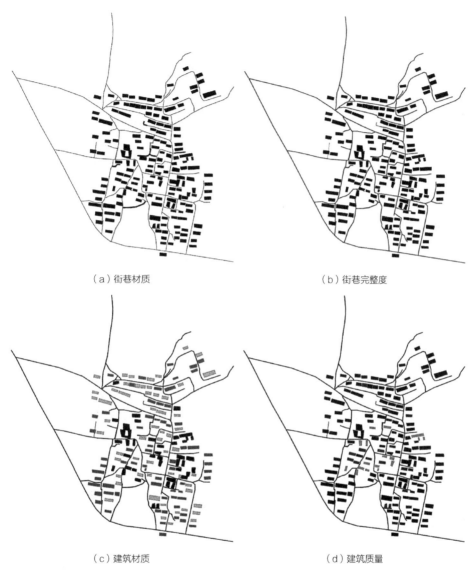

（a）街巷材质　　　　　　　　　　　　　（b）街巷完整度

（c）建筑材质　　　　　　　　　　　　　（d）建筑质量

图4-69　大会村空间质量评价

35．崔家庄村

　　崔家庄地处壶关县之南，距县城31km。北连贾庄村，西边与南行头村接壤，南边和罗掌村为界，东边与树掌镇大平上村毗连。村庄四面环山，北倚神山岭作为屏障，村落坐北向南依阳坡而建；南隔东西向的沟壑与省级公路与罗掌山相望；四周山势平缓，有松坡、池坡、坡上、北甲山、后掌山、八十井山等小山环绕。位于东经113°，北纬35°，海拔1243m，村庄占地面积531亩。崔家庄起源于元代，村中传统民居大多为坐北朝南的四合楼院，青砖灰瓦，建筑色彩协调朴素（图4-70）。

崔家庄建筑质量由深色到浅色建筑质量逐渐变低，整体建筑质量都较高，只有少数评分低的建筑屋顶长满青苔，出现多处破败。村建筑整体评分较高，建筑保存相对完整。建筑材质用材丰富，黑色为2分、灰色为1分、浅灰色为0分，整体建筑水平较低。传统建筑院落用材较好。街巷完整度黑色为2分、灰色为1分、浅灰色为0分，完整度相对较高，整体为鱼骨状。崔家庄街巷材质黑色为2分、灰色为1分、浅灰色为0分，街巷用材整体评分较低。多以水泥路为主，少数为土路、石板路（图4-71）。

图4-70　崔家庄村鸟瞰

（a）街巷材质 　　　　　　　　　　　（b）街巷完整度

（c）建筑材质 　　　　　　　　　　　（d）建筑质量

图4-71　崔家庄村空间质量评价

36．瓜掌村

瓜掌村处于壶关县之南距县城17km。形成于明朝时期，村内主要为清末民国初期的古建筑，明代奶奶庙1000m²，清代土地庙2000m²，民国初期韩家大院10000m²，近代烈士亭500m²。古建筑320处，古庙3处，古河道2处，古池4个（图4-72）。

瓜掌村建筑质量由深色到浅色建筑质量逐渐变低，传统院落保护相对较好，评分低的建筑屋顶长满青苔，出现多处破败。建筑整体评分较中等。瓜掌村建筑材质用材丰富，黑色为2分、灰色为1分、浅灰色为0分，整体建筑水平较高。传统建筑院落用材较好。街巷完整度黑色为2分、灰色为1分、浅灰色为0分，完整度相对较低。街巷材质黑色为2分、灰色为1分、浅灰色为0分，街巷材质整体评分较低，多以水泥路为主（图4-73）。

图4-72　瓜掌村鸟瞰

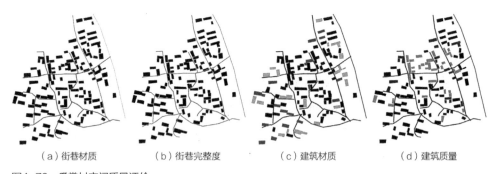

（a）街巷材质　　　　（b）街巷完整度　　　　（c）建筑材质　　　　（d）建筑质量

图4-73　瓜掌村空间质量评价

37．中村

中村为半丘陵地带，群山环抱，藏风聚气，东面为小寒山，山上保存有北朝石窟。东经110°，北纬36°，海拔1243m，村庄占地面积740亩。村落布局至今仍基本保持着明清时期的建筑特征和时代风貌，古树、寺庙、古民居等历史文物遗存比比皆是。村落整体顺应地势，建于黄土坡朝南的一面，整个村落呈网格形分布，以十字街为中心向外辐射，分为东庄街、南头街、后沟街、底下街四个大区域，一条古街道贯穿南北（图4-74）。

村落的院落以四合院和三合院的砖木结构建筑为主，早期的建筑多为土窑和砖窑，院落之间大多用院墙相隔，但内部却又设有偏门、券洞相通，有极强的私密性和家族性，院子的门头大多施以雕刻。具有代表性的申家"二十四棋盘院"、油坊、铁匠铺等手工作坊历史遗址坐落于村中心区域，是古村落的重要组成部分。村中的"二十四棋盘院"中有 7 个院落保存完整，散布在周围的明清民居有57座，且多数为申家氏族所有；村中有8座神庙，具有完善的神庙系统。街道随形就势，院落顺应地形与地势，因地制宜，近百个院落散落其间，浑然一体。

中村建筑质量由深色到浅色建筑质量逐渐变低，传统院落保护相对好。建筑材质用材丰富，黑色为2分、灰色为1分、浅灰色为0分，整体建筑水平较高。街巷完整度黑色为2分、灰色为1分、浅灰色为0分，完整度相对较低。街巷材质黑色为2分、灰色为1分、浅灰色为0分，街巷材质整体评分较低，多以水泥路为主（图4-75）。

图4-74　中村鸟瞰

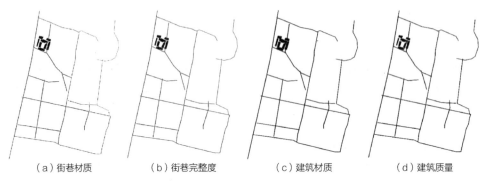

（a）街巷材质　　　　　（b）街巷完整度　　　　　（c）建筑材质　　　　　（d）建筑质量

图4-75　中村空间质量评价

38．荫城村

荫城村处长治市上党区东南部，地势高昂，属太行西脉和太岳东麓支脉相交的山区。五龙山、浮山、雄山与荫城之间的"三山三水"关系共同构成了山环水绕的古镇空间格局。村落位于东经113°，北纬35°，海拔1025m，村庄占地面积1929亩（图4-76）。

荫城村现存旧民宅总计5096间，建筑面积80915m²，其中，空户274户，1762间，总面积26362m²。还有特色民宅18户，大小寺庙16座，旧戏台8座，骆驼厂3处，米铺13家，旧城墙500多米，旧城门7个，牌楼2个，祠堂3个，商家门店500余家。主要街道为"二纵七横"，是山西明清古村镇的杰出代表。荫城村南有大云寺，北有红庙，西有西庵庙和关帝庙，东有千手千眼奶奶庙。东西庙宇分处东西街两端，风格各异，别有洞天，南北寺庙各守古镇出入口，高低错落，遥相呼应。

荫城村建筑质量由深色到浅色建筑质量逐渐变低，传统院落保护相对较好，建筑整体评分较高，只有少数评分低的建筑屋顶长满青苔，出现多处破败。建筑材质用材丰富，黑色为2分、灰色为1分、浅灰色为0分，整体建筑水平较高。传统建筑院落用材较好，新建建筑用材以钢筋混凝土为主，材料较一般。街巷完整度黑色为2分、灰色为1分、浅灰色为0分，街巷中间部分相对街巷完整以树状为主，评价较高。街巷材质黑色为2分、灰色为1分、浅灰色为0分，街巷材质整体评分较高。低分以水泥路为主，高分以土路、石板路为主（图4-77）。

图4-76　荫城村鸟瞰

（a）街巷材质

图4-77　荫城村空间质量评价

（b）街巷完整度

（c）建筑材质

图4-77　荫城村空间质量评价（续）

（d）建筑质量

图4-77　萌城村空间质量评价（续）

39．平家庄村

平家庄村位于长治市上党区东南山区，西火镇的北部，雄山脚下。东经113°，北纬35°，海拔600m，村庄占地面积150亩。整个地形东西开阔，南北为丘陵，自然形成东西向的一条长街、南北建民居。传统院落一进、两进院落较多，多为四合院形式，部分院落属于窑洞形式。村中央有连串圈、灵霄宝殿，西有山神庙，东北有关帝庙，西北有奶奶庙，南坪有奇特雄伟的建筑五凤楼，村中央有观音庙、韩姓家族两处庭院，其建筑雕龙绣凤（图4-78）。

都城隍庙创建于东汉，后历代多次重建，现存建筑为明清遗构。坐北朝南，一进院，现存山门、戏台、献亭、正殿、夹殿、钟楼、鼓楼、厢房、廊房、耳房等古建筑50余间。正殿面阔三间，进深五椽，单檐硬山顶。连串圈，清乾隆年间修建，圈上有亭台楼阁、琉璃脊兽、花草纹样。连串圈封闭村庄，有保护村庄百姓安全的作用。连串圈南有大雄宝殿，塑有十大元帅、赵公明坐骑黑虎，威风凛凛。宝殿南北有城墙，现遗址仍在。

平家庄建筑质量由深色到浅色建筑质量逐渐变低，传统院落保护相对较好，建筑整体评分较高，只有少数评分低的建筑屋顶长满青苔，出现多处破败。建筑材质用材丰富，黑色为2分、灰色为1分、浅灰色为0分，整体建筑水平较低，材料较一般。街巷完整度黑色为2分、灰色为1分、浅灰色为0分，街巷完整以树状为主，评价较高。街巷材质黑色为2分、灰色为1分、浅灰色为0分，街巷材质整体评分较高，浅色以水泥路为主，深色以土路、石板路为主（图4-79）。

图4-78　平家庄村鸟瞰

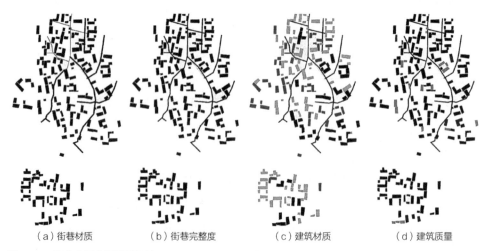

（a）街巷材质　　　（b）街巷完整度　　　（c）建筑材质　　　（d）建筑质量

图4-79　平家庄村空间质量评价

40．河南村

河南村位于黎城西北部，距县城20km，浊漳河南岸，背靠大山。东经113°，北纬36°，海拔780m，村庄占地面积100亩。

现存的遗迹有唐代古庙、汉代古槐。村中明代石碑记载，从唐代以来，这里就一直有人类生活居住，如今保存比较完好的尚有10多个院落。村庄街道由多条"丁"字形巷道相互连接而成，古民居大多排列在丁字巷的两边（图4-80）。村中古民居多为棋盘院、四合院、两进院，有石砌、砖木结构等多种建筑形式。门楼华丽，楼头大多是由采用透雕、深浮雕等技艺的木雕组成，图案有太阳神、龙凤、神鹿、莲花、牡丹等。门的两侧饰有砖刻，图案有莲花、万子福、神鹿、麒麟送子等。院内房屋有出厦、两层楼等。门头、窗脸、窗条石等构件上多为木石雕成的戏剧人物、花鸟瑞兽等图形。还有棋杆院、关帝庙、龙五庙、玉皇庙、王景明墓道碑等历史文化遗存。

河南村建筑质量由深色到浅色建筑质量逐渐变低，传统院落保护相对好，建筑整

图4-80　河南村鸟瞰

体评分较高，只有少数评分低的建筑屋顶长满青苔，出现多处破败。建筑材质用材
丰富，黑色为2分、灰色为1分、浅灰色为0分，整体建筑水平较高。传统建筑院落用
材较好。街巷完整度黑色为2分、灰色为1分、浅灰色为0分，街巷完整度整体评价较
低。街巷材质黑色为2分、灰色为1分、浅灰色为0分，街巷材质整体评分较低，多以
水泥路为主（图4-81）。

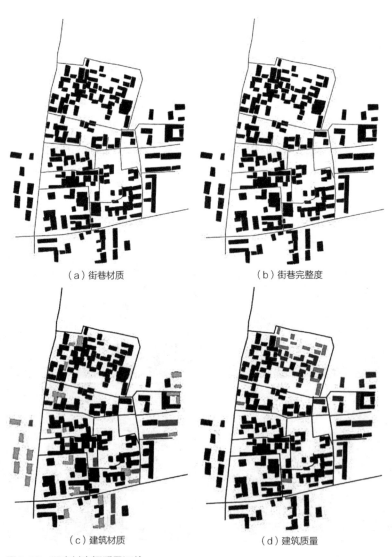

（a）街巷材质　　　　　　　　　　　　（b）街巷完整度

（c）建筑材质　　　　　　　　　　　　（d）建筑质量

图4-81　河南村空间质量评价

4.3
汇总统计分析

汇总统计分析见表4-1。

村落空间质量评价汇总（单位：pt）　　　　表4-1

村名/像素	建筑质量			建筑材质		
	差	中	好	差	中	好
南庄村	55949	81372	224342	151141	96448	106237
豆口村	43176	2310	104202	41884	51219	52232
东庄村	5194	773	17345	5194	3306	14822
上马村	9216	4412	21985	10847	7196	22788
牛岭村	14544	59050	170516	9459	118172	110354
恭水村	23360	15911	108857	23463	40563	79779
遮峪村	74608	70037	122104	62841	92573	93953
苇水村	6149	35758	35712	19157	29860	25705
白杨坡村	8985	3045	9606	10900	1172	8410
黄花村	14015	2492	43372	11479	15006	31649
流吉村	24417	5400	17550	17087	1982	28343
蟒岩村	16779	17191	42081	12201	16425	46714
青草凹村	14311	25243	90367	8657	30333	91286
老申岐村	18089	18615	105524	24273	43408	74532
桃阳村	4291	635	82738	4061	33577	46681
枣镇村	36075	959	231146	36075	38214	193893
东七里村	3064	2063	14166	2735	6634	10136
豆峪村	7801	26066	111581	5661	13019	142883
古寨村	8021	49499	15916	7443	10697	48975
泉之头村	9852	10484	69215	13812	23602	52136
唐村	4156	12318	14394	4741	2189	11843
土脚村	5824	7872	11786	0	8685	16342
西社村	21080	24271	53497	9604	15118	75232

续表

村名/像素	建筑质量			建筑材质		
	差	中	好	差	中	好
霞庄村	4748	17363	99104	6676	39765	74723
下赤峪村	2185	6567	6793	1010	4897	9608
窑上村	2061	2362	19410	2672	5888	15257
岳家寨村	202	4446	36350	0	13142	27755
砖壁村	1155	1612	56340	0	18252	40856
西岭底村	47638	26314	146747	61897	59926	88853
神北村	18042	14711	82547	85697	8655	55192
河东村	23353	9448	82412	25397	4051	86547
芳岱村	45929	70203	120812	29858	80926	125741
树掌村	295411	289780	994931	157602	374896	953453
大会村	6983	9238	84452	48102	39007	21085
崔家庄村	7019	9322	129779	85027	22067	40114
瓜掌村	30038	21394	79679	30352	24330	80864
中村	0	0	21848	0	0	21734
荫城村	114159	95443	2247631	1308077	597448	1079011
平家庄村	10309	7224	111975	35651	32592	68154
河南村	12771	23448	140726	29404	12446	160754

村名/像素	街巷材质			街巷完整度		
	差	中	好	差	中	好
南庄村	79059	0	0	0	0	79059
豆口村	44929	0	0	0	0	44929
东庄村	13944	0	0	0	0	13944
上马村	26172	1009	0	0	0	27135
牛岭村	115235	0	0	0	0	115235
恭水村	53344	5503	0	0	0	58792
遮峪村	60346	4162	0	0	0	64463
苇水村	46539	1459	0	0	0	47972
白杨坡村	6038	4118	0	0	10142	0
黄花村	30373	0	0	0	0	30373
流吉村	18519	0	0	0	18519	0

续表

村名/像素	街巷材质			街巷完整度		
	差	中	好	差	中	好
蟒岩村	30152	7809	0	0	0	37961
青草凹村	72685	0	0	0	0	72685
老申峧村	35730	0	0	0	0	35730
桃阳村	7170	14944	0	0	0	22082
枣镇村	54141	0	0	0	0	54141
东七里村	22918	8671	0	31604	0	0
豆峪村	49400	31086	4113	46852	27279	0
古寨村	111771	7772	7626	103465	23802	0
泉之头村	106140	4300	0	110307	0	0
唐村	71400	0	0	71400	0	0
土脚村	10174	3443	0	0	13660	0
西社村	143690	0	0	102235	0	0
霞庄村	128422	23615	6230	0	175152	0
下赤峪村	16230	5650	726	18808	11776	0
窑上村	14920	4001	2602	0	18405	0
岳家寨村	19817	14984	13985	0	48759	0
砖壁村	49573	11697	7017	68287	0	0
西岭底村	3243	0	0	0	0	3243
神北村	105123	6834	12200	123580	0	0
河东村	20138	16063	1567	20138	17630	0
芳岱村	23652	72926	0	0	0	95768
树掌村	39852	58264	86760	0	184043	0
大会村	43329	4151	1855	0	49638	0
崔家庄村	28526	4261	3804	0	0	36464
瓜掌村	11958	25341	0	37094	0	0
中村	4353	0	0	4353	0	0
萌城村	530553	591946	159992	547571	0	596431
平家庄村	5560	0	12744	0	0	18022
河南村	26729	0	0	26729	0	0

第 5 章

基于空间句法评价的传统
村落聚落空间分析

　　浊漳河流域南源传统村落的街巷类型可分为网形、树枝形、带形、交叉形、半环形、篦梳形等几种类型，本小节运用空间句法中的轴线分析法，选取典型案例进行街巷空间的分析，包括选择度、连接度、控制度、整合度、深度、可理解度。选择度指某条轴线被选择成为从所有空间到其他所有的空间的最短路径的次数，选择度越高，说明吸引人流能力越高；连接度指某一轴线空间与其他空间的连接程度，连接度越高，空间可达性越强；控制度指某一轴线空间对其他空间的影响程度，控制度越高，影响越大；整合度指任意空间到其他所有空间的标准化距离，整合度越高，空间可达性越强；深度指轴线空间在整个空间系统中的便捷程度，深度值越高，越容易到达；可理解度指人们对空间的可理解程度，可理解度越高，空间越容易被感知。

5.1
网形格局

　　团状传统村落的街巷格局往往呈网状，这种形态较为规整的村落受地理环境影响比较小，大多位于较为平坦宽阔的地面，形成于平原地区或山间盆地。网形街巷格局分为两种情况，一种情况是村落内由主巷均匀划分村落空间，次级街巷形态随意自然，道路四通八达，看似没有通路的小巷实际上都能相互联系，其道路系统往往担负着村民交通、社交、举行活动等功能，街巷的交接方式多为"十"字形、"井"字形、"丁"字形。这种类型的传统村落结构特征为：村落空间层次丰富，为由主巷到次巷到支巷再到院落空间的层层递进的模式，街巷宽窄有度，有较多的转折空间。另一种情况是村落内没有明显主街，道路形态更为随意，街巷空间拥有较强的通达性，街巷交接方式多为"十"字形、"丁"字形，这种交接形式方便百姓在交叉节点逗留、交谈。瓜掌村、大会村等都属于这种网形街巷格局。

1. 大会村空间分析

根据实地调研及相关资料整理，在CAD中绘制大会村道路轴线图，并导入Depthmap软件中，通过选择度、连接度、控制度、整合度、深度、可理解度六点对大会村内部街巷空间进行研究分析。

选择度：依据大会村街巷空间量化分析图可以看出，选择度最高的深色轴线有3条。其中两条与村外相连，另一条两侧分布着大量的历史建筑，是村内的一条主要道路，它们都是村民日常经过最频繁的道路，能够吸引大量人流，具有很高的选择度（图5-1）。

整合度：整合度越高，表明该轴线可达性越高，是最为核心的空间。根据大会村街巷空间量化分析图可以发现，全局整合度中，位于村落中心的主干道和通往村外的主干道整合度高，它们容易吸引人流，可达性高，是村落的整合度核心（图5-2）。

深度：在深度图中，轴线颜色越浅，深度值越低，该处越容易到达。根据街巷空间量化分析图可以看出，轴线颜色基本全为浅色，表明大会村道路四通八达，村内交通便捷度高（图5-3）。

连接度：根据大会村街巷空间量化分析图，轴线颜色越深连接值越大。深色轴线有2条，一条位于村落南侧，一条位于村落中心，对比村落平面图可以发现，南侧道路为省道，与外界联系，另一条为村落中心的南北向道路，与周边空间联系紧密，它们都具有很高的吸引人流的能力，可达性高，与周围连接性好；浅色轴线有11条，这些街巷将住宅串联起来，与周围空间联系较紧密，空间渗透性较好，可达性较高，连

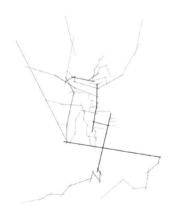
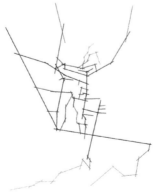

图5-1 大会村街巷空间选择度分析　　图5-2 大会村街巷空间整合度分析　　图5-3 大会村街巷空间深度分析

接性较好，从这里穿行的人较多；其余轴线均为连接值较小的浅色，这些街巷多为通向院落空间的道路，与其他空间联系不大，连接性很差（图5-4）。

控制度：根据大会村街巷空间量化分析图可以发现，控制值最高的深色轴线有2条，与连接度图相对比，发现这两条轴线连接值也最高。说明这两条街巷与周围连接性好，往往能聚集大量人流，因此具有很高的控制性（图5-5）。

可理解度：通常拟合度（R^2）高于0.5时，可理解度高。根据街巷空间量化分析图可以看出，大会村的拟合度为0.39，表明其空间可理解度一般，人在其中对村落的空间形态感知较模糊，有可能会迷路（图5-6）。

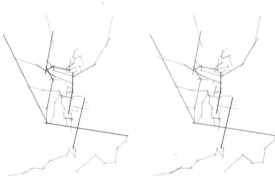

图5-4　大会村街巷空间连接度分析　　　图5-5　大会村街巷空间控制度分析

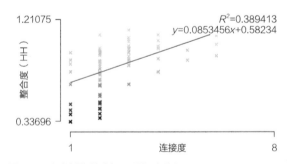

图5-6　大会村街巷空间可理解度分析

2. 瓜掌村空间分析

村落内部街巷空间选择度较差，但整合度较好。空间深度与连接度较好，控制度较差（图5-7~图5-12）。

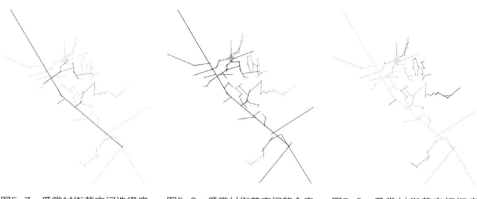

图5-7　瓜掌村街巷空间选择度　　图5-8　瓜掌村街巷空间整合度　　图5-9　瓜掌村街巷空间深度
分析　　　　　　　　　　　　　分析　　　　　　　　　　　　　分析

图5-10　瓜掌村街巷空间　　　　图5-11　瓜掌村街巷空间控
连接度分析　　　　　　　　　　制度分析

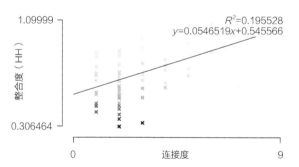

图5-12　瓜掌村街巷空间可理解度分析

3．张家沟村空间分析

村落内部街巷空间选择度较好，但整合度一般。空间深度较好，连接度与控制度
一般（图5-13～图5-18）。

  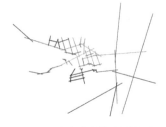

图5-13　张家沟村街巷空间选　　图5-14　张家沟村街巷空间整　　图5-15　张家沟村街巷空间深
择度分析　　　　　　　　　　　合度分析　　　　　　　　　　　度分析

 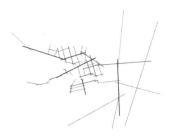

图5-16　张家沟村街巷空间连接　　图5-17　张家沟村街巷空间控制度
度分析　　　　　　　　　　　　分析

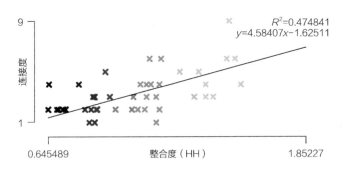

图5-18　张家沟村街巷空间可理解度分析

4. 西队村空间分析

村落内部街巷空间选择度较好，但整合度一般。空间深度较好，连接度与控制度一般（图5-19～图5-23）。

图5-19　西队村街巷空间选择度分析

图5-20　西队村街巷空间整合度分析

图5-21　西队村街巷空间连接度分析

图5-22　西队村街巷空间控制度分析

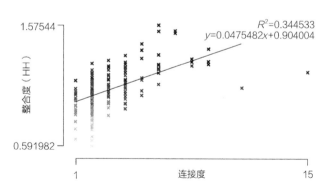

图5-23　西队村街巷空间可理解度分析

5.2
树枝形格局

树枝形街巷格局在村落的空间结构中主要表现为由一条或两条主要街巷串联整个村落，支巷由主巷向两侧延伸并且直接与院落空间相联系，村落的外部空间体系在形态上表现为树枝状。如八义村、太义掌村、树掌村等村落均为这种街巷格局。浊漳河流域南源树枝形街巷格局的村落空间结构的主要特征表现为以下几点：第一，整体街巷结构主次分明，以一条或两条主街横贯上下，主街为街巷主体，是村落的主要交通道路，村民的生产生活主要与主街直接相关，支巷由主巷向两侧延伸并与主巷基本垂直，联系着院落空间。支巷之间大多相互平行，较少发生关联，道路交叉形式多呈"T"字形和"十"字形，这种交叉形式使得村落交通顺畅，行人视线通透。第二，村落空间层次丰富，主巷与支巷相联系，形成"主巷—支巷—院落空间"的空间系统。

1. 树掌村空间分析

树掌村位于长治市壶关县，由一条东西向的道路平安街贯穿全村，与225省道相连，平安街两侧宅院界面完整，基本保留着历史上的风貌、格局。次级街巷由主街向南北两侧延伸，大多与主街垂直，进而与院落空间相联系，由此形成鱼骨状的街巷格局。村民的日常活动主要与主街相关，公共活动空间多位于主街，以县级文物保护单位诸神观为最重要的公共空间节点；还有位于中心位置的开阔的圆形活动空间，是百姓交往集会的主要场所。村内建筑风貌整体恢宏大气，集中连片宅院众多，现存传统建筑有诸神观、观音庙、土地庙、冯家大院、斗杆院、牛家大院等。

根据实地调研及相关资料整理，在CAD中绘制树掌村道路轴线图，并导入Depthmap软件中，通过选择度、连接度、控制度、整合度、深度、可理解度六点对树掌村内部街巷空间进行进一步研究分析。

选择度：依据树掌村街巷空间量化分析图可以看出，选择度最高的深色轴线位于村内主街，有很强的吸引人流的能力，因此具有较高的选择度（图5-24）。

整合度：在全局整合度图中，轴线颜色越深，整合度越高，越容易吸引人流，深

色轴线位于主要道路上，还与村落中心的一处活动空间相邻，可见村落中心位置为树
掌村的核心空间。对比局部整合度图，发现整合度核心部分没有发生改变（图5-25）。

深度：在深度图中，轴线颜色越浅，深度越低，该处越容易到达。根据树掌村街
巷空间量化分析图可以看出，大部分轴线均为浅色，总体深度低，表明村落内大部分
空间都容易到达，与村落现状图结合也可以发现，村落内路网密集（图5-26）。

连接度：树掌村街巷空间量化分析图中，轴线颜色越深连接值越大，该轴线有很
高的可达性，轴线均位于村落的主街上，与周边空间连接性好，从这里通行的人流
量很大；连接值较高的深色轴线有5条，是村内的次级道路，可达性较高，连接性较
好，人流量也比较大；其余轴线均为连接值较低的浅色，是村落中通往院落空间的道
路，或者距离村落中心较远、位置偏僻，可达性低（图5-27）。

控制度：根据树掌村街巷空间量化分析图可以发现，控制值最高的深色轴线都与
较多的道路相连接，与周围空间渗透性好，因此对人流控制力高。它们主要是由主要
道路延伸出来的次级道路，能通往村落更多的地方，具有较高的控制性（图5-28）。

可理解度：通常拟合度高于0.5时，可理解度高。根据街巷空间量化分析图可以
看出，树掌村的拟合度为0.29，表明其空间可理解度较低，人在其中对村落的空间形
态感知模糊，迷路的可能性较大（图5-29）。

图5-24　树掌村街巷空间选择度分析　　　　图5-25　树掌村街巷空间整合度分析

图5-26　树掌村街巷空间深度分析　　　　　图5-27　树掌村街巷空间连接度分析

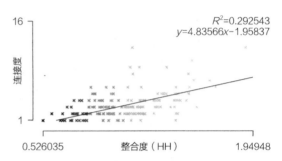

$R^2=0.292543$
$y=4.83566x-1.95837$

图5-28　树掌村街巷空间控制度分析　　图5-29　树掌村街巷空间可理解度分析

2. 太义掌村空间分析

村落内部街巷空间选择度较差，但整合度较好。空间深度较好，连接度与控制度一般（图5-30～图5-34）。

图5-30　太义掌村街巷空间选
择度分析

图5-31　太义掌村街巷空间整
合度分析

图5-32　太义掌村街巷空间深
度分析

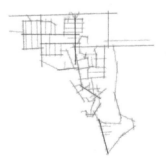

图5-33　太义掌村街巷空间连
接度分析

图5-34　太义掌村街巷空间控
制度分析

5.3
带形格局

带形街巷格局的村落中，主要呈现出来的空间特征是由一条主要街巷贯穿整个村落，这条主巷承担着村落交通、村民交往、百姓活动的功能，并且住宅沿着主巷一侧或两侧布局，这种街巷格局的村落主要有以下几点空间形态特征：第一，村落中的主巷占据着主导地位，支巷所发挥的作用无法与主巷相提并论，并且主巷是在特定历史因素或地形地貌条件下形成的，如平家庄村、太义掌村、土脚村的带形街巷结构就是在特殊的地形条件下产生；第二，百姓宅院沿主街分布，会随着村落发展不断地进行改变以适应环境变化，主巷上一般也会分布着非常显眼的重要节点，一般在村头、村尾或村中一些关键点上会有明显的构筑物或开放空间，如佛堂、庙宇等；第三，村路内多数为由主巷直接到院落的单一空间，如平家庄村、芳岱村、南张店村。

1. 东七里村空间分析

根据实地调研及相关资料整理，在CAD中绘制东七里村道路轴线图，并导入Depthmap软件中，通过选择度、连接度、控制度、整合、深度值、可理解度六点对东七里村街巷空间进行研究分析。

选择度：依据东七里村街巷空间量化分析图可以看出，选择度最高的深色轴线有3条，且均位于村内主要道路上，这条道路贯穿全村是村落与外界联系的唯一道路，具有很高的吸引人流聚集能力，因此选择度最高（图5-35）。

整合度：在全局整合度图中，轴线颜色越深，整合度越高，越容易吸引人流，根据东七里村街巷空间量化分析图可以发现，整合度高的深色轴线正是贯穿村落的东西向主要街道，以及由主街向南北延伸的次级街巷，可达性较高；整合度最低的浅色轴线距离主街较远，可达性低，人流量少。将全局整合度与局部整合度进行对比，可以发现整合度最高的轴线发生了少许变化，整体与局部核心区域之间的联系不够（图5-36）。

深度：在深度图中，轴线颜色越浅，深度越低，该处越容易到达。根据街巷空间

量化分析图可以看出，轴线颜色最浅的是村内东西向主街，深度最低，表明这条街道
是村民最容易到的地方；浅色轴线相对应的则是次级街巷，深度较低，可达性较高。
并且这些深度低的轴线均围绕村中心的大水池，由此也能看出该水池的确为村落的中
心，它是村民们非常容易到达的地方（图5-37）。

连接度：根据东七里村街巷空间量化分析图，轴线颜色越深连接值越大，深色轴线
位于村内主要道路中央，它不仅与村落中心的大水池相邻，而且与周围院落空间联系紧
密，连接性好，有大量的人流会从这里经过；其余轴线均为浅色，这些轴线所处的街巷
大多为入户路或尽头路，与其他空间联系不大，连接性很差（图5-38）。

控制度：根据东七里村街巷空间量化分析图可以发现，控制值最高的深色轴线与
周围空间联系密切，人们需要判断到底走哪一条路，进而会增加人们的停留时间，因
此对人流的控制性就较高（图5-39）。

可理解度：通常拟合度高于0.5时，可理解度高。根据街巷空间量化分析图可以
看出，东七里村的拟合度为0.34，表明其空间可理解度一般，人在其中对村落的空间
形态感知较模糊，有可能会迷路（图5-40）。

图5-35　东七里村街巷空间选
择度分析

图5-36　东七里村街巷空间整
合度分析

图5-37　东七里村街巷空间深
度分析

图5-38　东七里村街巷空间连接
度分析

图5-39　东七里村街巷空间控制
度分析

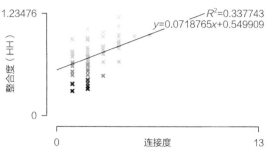

图5-40 东七里村街巷空间可理解度分析

2．平家庄村空间分析

村落内部街巷空间选择度、整合度均较好。空间深度较差，连接度与控制度较好（图5-41～图5-46）。

图5-41 平家庄村街巷空间选择度分析

图5-42 平家庄村街巷空间整合度分析

图5-43 平家庄村街巷空间深度分析

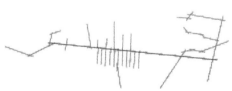

图5-44 平家庄村街巷空间连接度分析

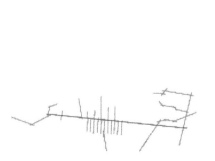

图5-45 平家庄村街巷空间控制度分析

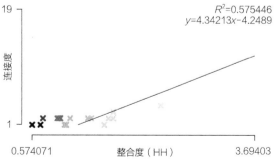

图5-46 平家庄村街巷空间可理解度分析

3．南张店村空间分析

村落内部街巷空间选择度较差，但整合度一般。空间深度较好，连接度与控制度
一般（图5-47~图5-50）。

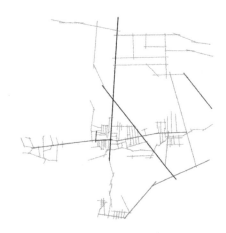 

图5-47　南张店村街巷空间选择度分析　　　　图5-48　南张店村街巷空间整合度分析

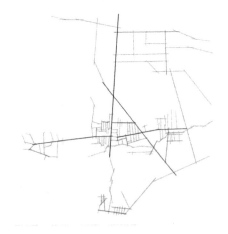 

图5-49　南张店村街巷空间连接度分析　　　　图5-50　南张店村街巷空间控制度分析

4．西岭底村空间分析

村落内部街巷空间选择度较差，但整合度较好。空间深度一般，连接度与控制度
较差（图5-51~图5-56）。

图5-51　西岭底村街巷空间选择度分析　　　　图5-52　西岭底村街巷空间整合度分析

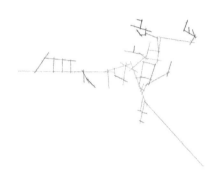

图5-53　西岭底村街巷空间深度分析　　　　图5-54　西岭底村街巷空间连接度分析

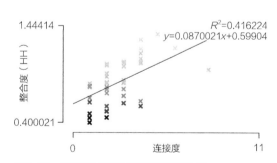

图5-55　西岭底村街巷空间控制度分析　　　　图5-56　西岭底村街巷空间可理解度分析

5．神北村空间分析

村落内部街巷空间选择度较差，整合度一般。空间深度较好，连接度与控制度一般（图5-57~图5-62）。

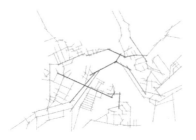 

图5-57 神北村街巷空间选择度分析　　图5-58 神北村街巷空间整合度分析

图5-59 神北村街巷空间深度分析　　图5-60 神北村街巷空间连接度分析

 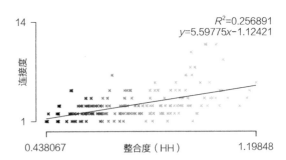

图5-61 神北村街巷空间控制度分析　　图5-62 神北村街巷空间可理解度分析

6. 芳岱村空间分析

村落内部街巷空间选择度较差，但整合度较好。空间深度较好，连接度与控制度一般（图5-63～图5-68）。

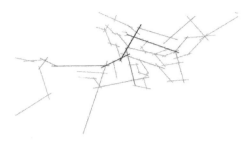

图5-63　芳岱村街巷空间选择度分析

图5-64　芳岱村街巷空间整合度分析

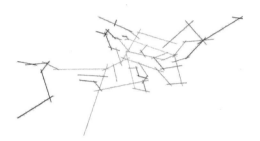

图5-65　芳岱村街巷空间深度分析

图5-66　芳岱村街巷空间连接度分析

图5-67　芳岱村街巷空间控制度分析

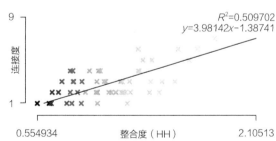

图5-68　芳岱村街巷空间可理解度分析

7．西岭村空间分析

村落内部街巷空间选择度较差，整合度一般。空间深度较好，连接度与控制度一般（图5-69～图5-74）。

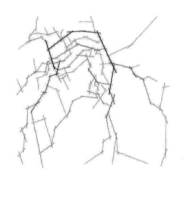

图5-69　西岭村街巷空间选择度分析　　图5-70　西岭村街巷空间整合度分析

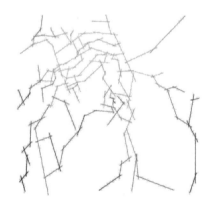
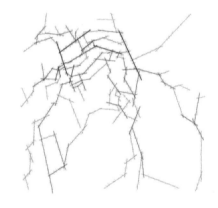

图5-71　西岭村街巷空间深度分析　　图5-72　西岭村街巷空间连接度分析

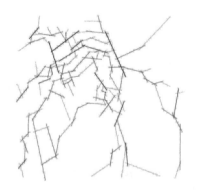
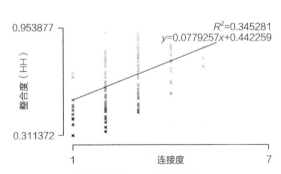

图5-73　西岭村街巷空间控制度分析　　图5-74　西岭村街巷空间可理解度分析

5.4
交叉形格局

交叉形街巷格局的村落中，主要呈现出来的空间特征是村落中由相互垂直的东西主街和南北主街两条主巷构成了主要的空间系统骨架，将村落分为几大片区，片区中利用支巷进行内部的分割与联系。

1．中村空间分析

村落内部街巷空间选择度、整合度均较好。空间深度较好，连接度与控制度一般（图5-75～图5-80）。

图5-75　中村街巷空间选择度分析　　图5-76　中村街巷空间整合度分析

图5-77　中村街巷空间深度分析　　图5-78　中村街巷空间连接度分析

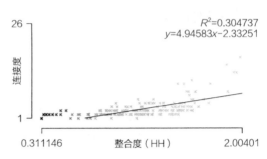

$R^2=0.304737$
$y=4.94583x-2.33251$

图5-79　中村街巷空间控制度分析　图5-80　中村街巷空间可理解度分析

2．荫城村空间分析

村落内部街巷空间选择度较好，但整合度一般。空间深度较好，连接度与控制度一般（图5-81～图5-86）。

图5-81　荫城村街巷空间选择度分析　图5-82　荫城村街巷空间整合度分析

图5-83　荫城村街巷空间深度分析　图5-84　荫城村街巷空间连接度分析

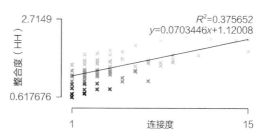

图5-85　荫城村街巷空间控制度分析　　　图5-86　荫城村街巷空间可理解度分析

5.5
双十字形格局

以桑梓村空间分析为例。

桑梓村位于长治市上党区，地势平坦，包括桑梓一村和桑梓二村，村落规模大，人口众多。村落内一条东西向横轴贯穿全村，与两条南北向街道将村落分为几个片区，清晰地界定出村落双十字形的格局。历史上的桑梓村物产丰富，商贾云集，经济繁荣，两条主街两侧商铺林立、生意兴隆，目前仍有不少遗迹尚存。两条主街的十字交叉口不仅是村落地理位置上的中心，更是村民的精神中心，交叉处有一较大的开放广场，人们的日常交往、村落中的活动等可在这里展开。村内道路似网状交织，四通八达，主巷连接次巷，片区内部由次巷连通，次巷又与支巷联系，支巷连接着院落空间，由此形成丰富的"主巷—次巷—支巷—院落空间"的空间关系。

为了更直观地了解桑梓村的街巷空间，根据实地调研及相关资料整理，在CAD中绘制桑梓村道路轴线图，并导入Depthmap软件中，通过选择度、连接度、控制度、整合度、深度、可理解度六点对崔家庄村街巷空间进行研究分析。

选择度：根据桑梓村街巷空间量化分析图，全局选择度中深色轴线街巷具有很大的吸引人流经过的潜力；选择度较高的轴线呈浅色，表明这些街巷空间有着较大的吸引人流穿行的潜力（图5-87）。

整合度：在整合度图中，轴线颜色越深，整合度越高，越容易吸引人流。在桑梓村全局整合度图中，深色轴线表示村落中整合度高的街巷空间，处于村落的十字街位置，是主要街巷，可达性高，容易吸引人流。整合度较高的深色轴线为次级街巷，这些街巷由主要道路向两侧延伸，与院落空间相联系，可达性较高；其他浅色轴线均处于村落外围的位置，距离主街、村落中心较远，私密性高、整合度低。将局部整合度与全局整合度进行对比，发现整合度核心部分基本没有发生改变，在全局整合度中最高的轴线在局部整合度中同样最高，是桑梓村的大十字街，有很强的吸引人流的能力（图5-88）。

深度：在桑梓村的深度图中可以看出，绝大部分轴线为浅色，根据轴线颜色越浅、深度值越低可以得出，村落整体可达性高，道路网络纵横交错、四通八达（图5-89）。

连接度：根据桑梓村街巷空间量化分析图可以发现，连接度最高的深色轴线有1条，为贯穿村落东西的主要道路，它与周围街巷空间联系密切，可达性高，是村民日常生活的必经之路；连接值较高的浅色轴线数量比较多，它们是由主街向外延伸的次级街巷，有较高的可达性与连接性；除此之外均为浅色轴线，这些轴线空间大多为入

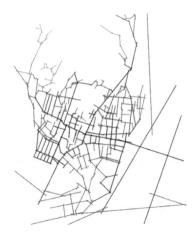

图5-87 桑梓村街巷空间选择度分析　　图5-88 桑梓村街巷空间整合度分析

户路，可达性低（图5-90）。

控制度：根据桑梓村街巷空间量化分析图可以发现，控制度最高的深色轴线有2条，这两条街巷连接的道路较多，对人流的控制力较高；其余轴线均为控制度很低的浅色，说明桑梓村绝大部分的街巷对周围空间影响弱，控制力差（图5-91）。

可理解度：根据量化分析图可知桑梓村的拟合度为0.23，一般拟合度高于0.5时，可理解度高。由此可知，桑梓村整体空间可理解度较差，人在村落中对其空间感不清晰，迷路可能性较大（图5-92）。

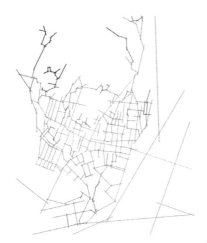

图5-89　桑梓村街巷空间深度分析

图5-90　桑梓村街巷空间连接度分析

图5-91　桑梓村街巷空间控制度分析

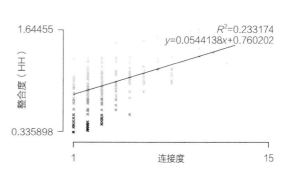

图5-92　桑梓村街巷空间可理解度分析

5.6
单交叉形格局

以赵村空间分析为例。

村内主要街道东西街穿村而过，一条南北大街中轴贯通，构成单交叉形格局。根据实地调研及相关资料整理，在CAD中绘制赵村道路轴线图，并导入Depthmap软件中，通过选择度、连接度、控制度、整合度、深度、可理解度六点对赵村内部街巷空间进行进一步研究分析。

选择度：依据赵村街巷空间量化分析图可以看出，选择度最高的深色轴线均为东西向道路，贯穿全村，它们均为村落内的主要道路，有着很好的吸引人流的能力，因此具有较高的选择度（图5-93）。

整合度：在全局整合度图中，轴线颜色越深，整合度越高，越容易吸引人流，深色轴线共有3条。与村落现状图相结合可发现，这些轴线均为村落的主要街道，由此可以看出，主街为村落的主要核心空间，它们连接度空间多，可达性高，容易吸引人流。对比局部整合度图发现，整合度核心部分没有发生改变，主街仍旧是核心空间（图5-94）。

深度：在深度图中，轴线颜色越浅，深度值越低，该处越容易到达。根据街巷空间量化分析图可以看出，大部分轴线均为浅色，总体深度低，表明村落内大部分空间都容易到达。与村落现状图结合也可以发现，赵村由主要街道东西街穿村而过，一条南北大街中轴贯通，将村落分为四大片区，片区中利用支巷进行内部的分隔与联系，

图5-93 赵村街巷空间选择度分析

图5-94 赵村街巷空间整合度分析

路网纵横交错（图5-95）。

连接度：根据赵村街巷空间量化分析图，深色轴线有很高的可达性，与村落现状图相叠加可发现，这两条道路为村落的主要道路，连接了较多的空间，可达性好；其余轴线均为浅色，这些轴线连接的空间单一，可达性低，选择通行的人流量不大（图5-96）。

控制度：根据赵村街巷空间量化分析可以发现，控制值最高的深色轴线为贯穿村落的东西向主街，连接了较多的道路，对人的控制性高；其余轴线均为浅色，根据控制值越高、对周围空间影响越大来看，赵村大部分街巷空间对周围空间的控制力较差，影响弱（图5-97）。

可理解度：通常拟合度高于0.5时，可理解度高。根据街巷空间量化分析图可以看出，赵村的拟合度为0.30，表明其空间可理解度一般，人在其中对村落的空间形态感知模糊，迷路可能性较大（图5-98）。

图5-95　赵村街巷空间深度分析

图5-96　赵村街巷空间连接度分析

图5-97　赵村街巷空间控制度分析

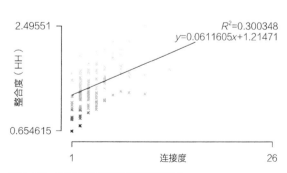

图5-98　赵村街巷空间可理解度分析

5.7
半环形格局

以崔家庄村空间分析为例。

崔家庄村以两条东西向的道路为主要街道，一条南北向的道路将主路连接，构成以侯家大院为中心的半环形街巷格局。根据实地调研及相关资料整理，在CAD中绘制崔家庄村道路轴线图，并导入Depthmap软件中，通过选择度、连接度、控制度、整合度、深度、可理解度六点对崔家庄村街巷空间进行研究分析。

选择度：依据崔家庄村街巷空间量化分析图可以看出，选择度最高的深色轴线均位于两条主要道路上，这两条道路是村民进出村落的必经之路，因此具有较高的选择度（图5-99）。

整合度：在全局整合度图中，轴线颜色越深，整合度越高，越容易吸引人流，与村落平面相对应则能发现，深色轴线正是村落的两条南北向主要街道，与实际吻合；整合度较高的深色轴线为次级街巷，这些街巷由主要道路散发，可达性较高；其余浅色的轴线整合度较低，均为次级街巷延伸出来的支巷，距离主街、公共活动空间较远，可达性低，不容易吸引人流。通过对比全局整合度与局部整合度，发现两条主街道依旧为整合度最高的地方，说明村落中这两条主路人流量大（图5-100）。

深度：在深度图中，轴线颜色越浅，深度越低，该处越容易到达。根据街巷空间量化分析图可以看出，轴线颜色最浅的是村内的两条主要街道，深度最低，且它们的值与整合度相反，表明这两条街道是村民最容易到达的地方；浅色轴线相对应的则是次级街巷，深度较低，可达性较高。由此也可以发现，深度越低，整合度越高，二者成反比关系（图5-101）。

连接度：根据崔家庄村街巷空间量化分析图，轴线颜色越深连接值越大，深色轴线分别与侯家大院和一处休闲场地相连接，可见这两处空间连接性好，有很高的可达性；连接值较高的深色轴线是主要道路和能通往三圣庙、纪念碑的街道，可达性较高，连接性较好，人流量也比较大；其余轴线均为连接值较低的浅色，这些轴线是村落中通往院落空间的道路，可达性低（图5-102）。

控制度：根据崔家庄村街巷空间量化分析图可以发现，控制度最高的深色轴线位于村落南侧的省级公路中段，其连接的道路较多并紧邻一处休闲场地，因此对人流有很高的控制性。其余轴线均为浅色，根据控制度越高，对周围空间影响越大来看，表明崔家庄村大部分街巷空间对周围空间的控制力较差，影响弱（图5-103）。

可理解度：通常拟合度高于0.5时，可理解度高。根据街巷空间量化分析图可以看出，崔家庄村的拟合度为0.43，表明其空间可理解度一般，人在其中对村落的空间形态感知较模糊，有可能会迷路（图5-104）。

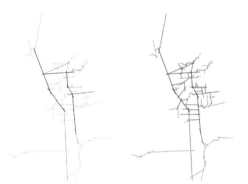

图5-99 崔家庄村街巷空间选择度分析　　图5-100 崔家庄村街巷空间整合度分析

图5-101 崔家庄村街巷空间深度分析

图5-102 崔家庄村街巷空间连接度分析

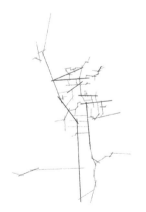

图5-103 崔家庄村街巷空间控制度分析

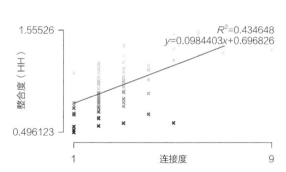

图5-104 崔家庄村街巷空间可理解度分析

5.8
篦梳形格局

1. 南宋村空间分析

南宋村位于长治市上党区南宋乡，选址于太行山脉和太岳东麓支脉相交的上党南界雄山脚下山区，三面环山，一面临水，环境优美，规划严谨。东有五凤山庄，西有八仙岭，南有神山，北有浊漳河，南宋村依山而建，规划有序。从村落的总平面图来看，两条东西横向的主街将村落划分为条状，再结合南北向的支巷将村落分成网格，形成篦梳形街巷格局。南宋村现存的省级文物保护单位秦家大院是村内最大的一处院落。大院是卖铁商人秦姓兄弟在明末清初时期建造的家宅，坐北向南，南靠巍峨的神山，西倚八仙岭，东邻国家级文物保护单位五凤楼，至今已经有400多年的历史。秦家大院以东西两大院为主体，前后共8个小院落，其中东院占地面积大，前后两院均为两层，西院面积相对较小，为三层高楼，院落规模宏大，宅深墙高，院与院之间相通，不仅居住舒适，而且有利于抵御外界干扰。每座院落由青砖垒砌，门窗、屋脊、房檐上的木、石、砖雕图案清晰，十分精美。早年在院落的南侧还有秦家花园，占地10亩，现如今已经被村民新建造的房屋所替代。

为了更直观地了解南宋村的街巷空间，根据实地调研及相关资料整理，在CAD中绘制南宋村道路轴线图，并导入Depthmap软件中，通过选择度、连接度、控制度、整合度、深度、可理解度六点对南宋村街巷空间进行研究分析。

选择度：根据南宋村街巷空间量化分析图，轴线颜色越深，选择度越高，其深色轴线共有3条，2条为乡道，1条为县道。这三条道路是进出村落的必经之路，也是村民日常生活中的主要道路，因此它们选择度高，有着很好的吸引人流的能力（图5-105）。

整合度：在全局整合度图中，轴线颜色越深，整合度越高，越容易吸引人流。深色轴线代表的街巷均为能连接村落内外的道路，能吸引大量人流，具有很高的可达性；整合度较高的深色轴线为次级街巷，这些街巷由主要道路散发，与院落空间相联系，可达性较高；其余浅色轴线处于靠近山体的位置，距离民居、主街较远，不容易吸引人流。通过对比全局整合度和局部整合度，我们可以发现，整合度核心部分基本没有发生改变，在全局整合度中最高的轴线在局部整合度中同样最高，是南宋村与外界联系的重要通道，有很强的吸引人流的能力（图5-106）。

深度：在南宋村的深度图中可以看出，很大一部分轴线为浅色，只有靠近山体位置的轴线为浅色。根据轴线颜色越深、深度越低，可以得出，南宋村整体可达性高，道路网络四通八达（图5-107）。

连接度：在连接度分析中，轴线颜色由深到浅表示连接度由大到小。依据南宋庄村街巷空间量化分析图可以看出，连接度最高的轴线有1条，为贯穿村落东西的县道，有大量的人流在这里穿行，这条街巷空间具有很高的可达性与连接性；连接度较高的深色轴线为乡道且均与村外相连，有较高的可达性与连接性；其余轴线均为连接值较低的浅色，可达性低，即包含由主路延伸出来、与宅院相联系的线路，或者是靠近山体位置（图5-108）。

控制度：根据南宋村街巷空间量化分析图可以发现，控制度最高的深色轴线仅有1条，为东西向贯穿村落的县道，它作为连接村落与外界的通道，并且与较多数量的道路相连接，因此对人流的控制度高；深色轴线有3条，除此之外均为浅色轴线，由

图5-105 南宋村街巷空间选择度分析

图5-106 南宋村街巷空间整合度分析

图5-107 南宋村街巷空间深度分析

图5-108 南宋村街巷空间连接度分析

此表明南宋村大部分街巷空间对周围空间的控制力差，整体影响弱（图5-109）。

可理解度：根据量化分析图可知，南宋村的拟合度为0.25，一般拟合度高于0.5时，可理解度高。由此可知，南宋村整体空间可理解度较差，人在村落中空间感不清晰，迷路可能性较大（图5-110）。

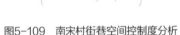

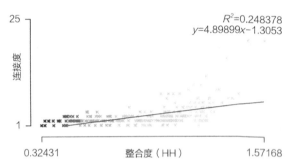

图5-109　南宋村街巷空间控制度分析　　图5-110　南宋村街巷空间可理解度分析

2. 寨上村空间分析

村落内部街巷空间选择度一般，但整合度较差。空间深度较好，连接度一般（图5-111～图5-115）。

图5-111　寨上村街巷空间选择度分析　　图5-112　寨上村街巷空间整合度分析　　图5-113　寨上村街巷空间深度分析

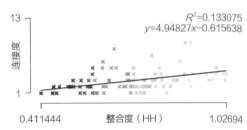

图5-114　寨上村街巷空间连接度分析　　图5-115　寨上村街巷空间可理解度分析

3. 河东村空间分析

村落内部街巷空间选择度、整合度均较差。空间深度较好，连接度与控制度一般
（图5-116～图5-121）。

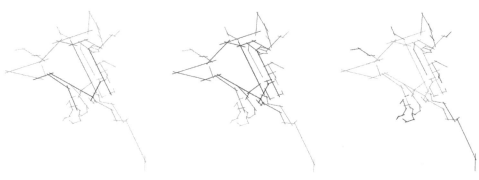

图5-116 河东村街巷空间选择
度分析　图5-117 河东村街巷空间整合
度分析　图5-118 河东村街巷空间深度
分析

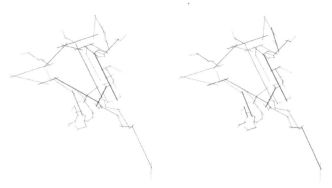

图5-119 河东村街巷空间连接
度分析　图5-120 河东村街巷空间控制
度分析

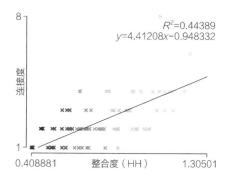

图5-121 河东村街巷空间可理解度分析

$R^2=0.44389$
$y=4.41208x-0.948332$

4．东火村空间分析

村落内部街巷空间选择度较差，但整合度较好。空间深度一般，连接度与控制度较好（图5-122～图5-127）。

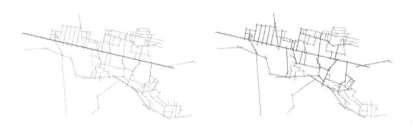

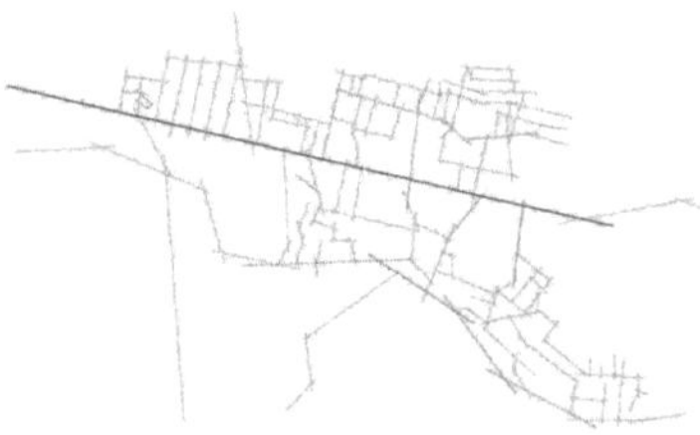

图5-122　东火村街巷空间选择度分析　　图5-123　东火村街巷空间整合度分析

图5-124　东火村街巷空间深度
分析

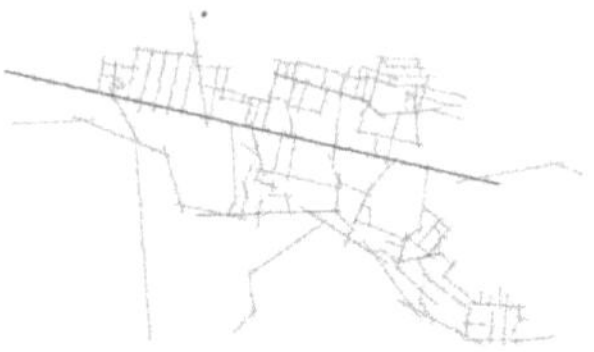

图5-125　东火村街巷空间连接
度分析

图5-126　东火村街巷空间控制
度分析

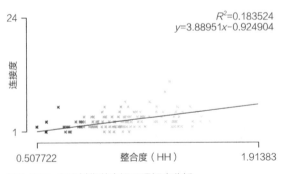

图5-127　东火村街巷空间可理解度分析

附录 调查问卷打分详表

浊漳河流域传统村落评价调查问卷

请您根据以下信息对岳家寨村公共空间各影响因子进行打分

题目 \ 选项	很差（0分）	不好（1分）	一般（2分）	良好（3分）	好（4分）	很好（5分）	平均分
1 村落空间的安全感（公共空间是否人性化，是否给人以安全感）							
2 村落空间的尺度感（公共空间整体的尺度是否合理，是否给人良好的空间体验感）							
3 村落空间功能多样性（公共空间能否很好地满足不同使用者的需求，功能是否具有多样性）							
4 村落空间整洁度（公共空间是否平整洁净，卫生环境是否良好）							
5 村落空间绿化丰富度（公共空间植物绿化是否丰富）							
6 村落空间色彩协调性（建筑色彩与传统村落整体环境是否协调）							
7 街巷肌理格局（街巷丰富度、识别性、肌理是否完整）							
8 街巷空间风貌（街道空间类型多样，是否有收、放、转折、开合等变化）							
9 街巷风貌（街巷空间整体风貌是否良好）							
10 建筑风貌（建筑整体风貌是否良好，传统建筑的保存程度）							

续表

选项 题目	很差 （0分）	不好 （1分）	一般 （2分）	良好 （3分）	好 （4分）	很好 （5分）	平均分
11 建筑质量（建筑的新旧程度及破损度）							
12 建筑功能（建筑能否很好地满足不同使用者的需求，功能是否具有多样性）							
13 院落格局（院落空间是否完整，围合性如何，与周边地形地貌是否有呼应，院落空间内是否有植物、影壁、水井等设施）							
14 风貌现状（广场水塘、祠堂庙宇、古树古井等物质遗存现状是否良好）							
15 数量和规模（广场水塘、祠堂庙宇、古井古树等物质遗存丰富度）							
16 位置和布局（建筑物、构筑物、古树古井等物质遗存的位置布局）							
17 传统节庆（村民传统民俗节日和活动延续是否完整）							
18 传统技艺（村民传统方言、音乐、舞蹈、戏曲、竞技等是否有传承）							
小计							

本专著获得以下基金项目支持：

国家自然科学基金青年科学基金项目"区域视野下的山西浊漳河流域古村镇聚落空间形态研究"（项目号：51808004）

北京市教委基本科研业务费项目"基于PRT技术的山地景观保护与利用新模式研究"（项目号：110052971803/041）